约翰·怀特教育文集
丛书主编 石中英

儿童幸福与学校教育

Routledge
Taylor & Francis Group

〔英〕约翰·怀特 著
杨杏芳 赵显通 译

EXPLORING WELL-BEING IN SCHOOLS
A GUIDE TO MAKING CHILDREN'S LIVES MORE FULFILLING

教育科学出版社
·北 京·

右边为怀特教授

左边为杨杏芳教授

此照片摄于2013年

右一、二为怀特教授及其夫人

左一、二为赵显通博士及其夫人

此照片摄于2016年

丛书序言

我很荣幸有机会为“约翰·怀特教育文集”撰写序言。这套文集囊括的中文版著作和论文对应的外文版著作和论文是我在教育哲学领域主要的研究成果，它们的问世时间集中在 1982—2016 年。未来，它们将悉数被翻译成中文出版，对此，我的内心充满感激和期待。我希望这套文集能够引起中国的教师、教育学专业的学生、教育研究者和教育决策者的兴趣。我们生活在一个距离日益缩小的世界中，这使得跨越国界乃至洲界分享思想的机会日益增多，我很高兴目睹这一切并亲身参与这一全球性变革。我年轻时身处一个半封闭的族群之中，周围所见皆是白人面孔，很少能与世界上其他地区的人交流并建立联系，来自东亚地区的朋友更是一个也没有，那时的我无法想象在我的有生之年人们的视野可以像今天这样开阔。

这也是当我得知石中英教授意欲组织翻译并出版这套文集时我非常高兴的一个原因。石中英教授现任清华大学教育研究院院长、博士生导师，也是中国的全国教育哲学专业委员会主任委员。我和石中英教授已认识多年，我一直对他怀有很深的敬意。2000—2001 年，他在伦敦大学学院教育学院访学时我认识了他。非常感谢他牵头组织了这项并不轻松的文集翻译工程，积极推动这套文集出版。

除了感谢石中英教授之外，我还想感谢李玢博士。李玢博士是教育科学出版社的前总编辑，也是《再论教育目的》[①]（*The Aims of Education*

① 中文版图书的书名以正式出版物的书名为准，下同。

Restated）早期中译本的责任编辑。她于1989—1990年在伦敦大学学院教育学院做访问学者，那时我经常看到她，也正是她激起了我想要更多地了解中国、中国人以及中国文化的欲望。在这里，我也要向李永宏、沈昌胜、刘瑀、励达广和桑新民教授等人表达感谢，感谢他们为《再论教育目的》早期中译本的出版所付出的种种努力。

《再论教育目的》试图用哲学的视角探讨学校教育的目的应当是什么以及不同的教育目的之间如何关联。据我所知，这是第一本集中探讨“教育目的”这个主题的专著，这也许会让人感到惊讶。我在该书开篇部分批判了当时一个主流的观点，即教育具有内在目的，其与出于自身之故而追求有价值的活动有关。我接着探讨了教育在帮助人们创造条件，使每个人都能过上一种充实的生活方面所能发挥的作用，以及这些意味着什么。我在这本书中指出，教育不仅要关注个体的幸福，还要关注整体的社会福祉，这与此书的一个主题有关，即教育的经济目的应当是什么以及这类目的怎样与增进人的幸福相关联。该书的另一个主题是在一个目的——在逐渐扩大的范围内促进人们对他人幸福的关心——的指导下开展教育，例如，首先在家庭和当地社区中开展道德教育，进而扩展到国家层面的公民责任教育等方面。就道德教育的途径而言，英国的一些理想主义者和格奥尔格·威廉·弗里德里希·黑格尔（Georg Wilhelm Friedrich Hegel）对“社群关系”的重视启发了我，具体内容可参见我与彼得·戈登（Peter Gordon）合著的《作为教育改革者的哲学家》（*Philosophers as Educational Reformers*）一书。在《再论教育目的》这本书中，我用了很大的篇幅论述各种教育目的之间的关系，包括个人的目的、道德的目的、经济的目的和公民的目的。所有这些交织在一起就形成了对受过教育的个体整体形象的描述。这又引出了其他一些主题，例如灌输、终身教育以及是否针对不同的学生应该有不同的教育目的等。我在这本书的最后一章探讨了教育目的的实现途径，这不仅涉及学校以及其他教育机构可以做些什么，也涉及整个社会需要做出哪些改变。

1997年，我出版了《教育与工作的目的：对工作和学习的一种新的哲学审视》(*Education and the End of Work: A New Philosophy of Work and Learning*)一书，感谢沈阳师范大学迟艳杰教授着手翻译这本书。在这本书中，我进一步阐述了我在《再论教育目的》中提及的教育的经济目的，尤其是职业目的。此外，我还讨论了教育应当在使年轻人为今后的职业生活做准备方面发挥何种作用，以及工作在生活中是否最优先，因而可以排在一切活动之首等问题。针对这些问题，我首先澄清了工作的本质。很多工作都是有报酬的，有一些工作是我们不得不去做的。然而，并非所有工作都是如此，比如，一位热爱写作的业余作家夜以继日地写小说和写诗。在论述了不同工作有所区别之后，我就工作在生活中的地位展开了分析，探讨了汉娜·阿伦特(Hannah Arendt)等哲学家的观点。很多哲学家都认可工作在生活中居于中心地位的观点，多数人认为劳动是人的本质的一部分。这些观点反映了一种现象，即由于受到新教工作伦理的影响，在英国和北美等地的文化中工作都处于中心地位。但是，工作处于中心地位是对的吗？我们应当将活动而非工作视为我们人类本质的核心吗？这些导向了对发达的工业社会中工作的前景以及教育在其中所要发挥的作用等问题的讨论。未来我们应该走向何方？是强化工作文化还是想办法用何物取代它？如何把以工作为取向的目的与让人们过上自主而幸福的生活这个目的关联起来？学生的学习应该在多大程度上以功课为中心，尤其是他们不得不做而且往往不愿意做的功课？有无好的替代方案？

接下来要介绍的书是《儿童的心灵》(*The Child's Mind*)，感谢首都师范大学邵燕楠副教授把它翻译成中文。这本书反映了我在教育哲学领域中除了教育目的之外另一个主要的研究方向——人类心灵的本质及其在学生学习过程中所发挥的作用。当谈及心灵及其功能时，我们也许会认为它们完全属于心理学(一种实证科学)的研究范围，但其实也可以从哲学层面反思这类主题。哲学层面的反思很大程度上与我们对自己所熟悉的一些相互关联的观念的非实证性反思有关。这些观念包括："思考""感到疼痛”“感到愤怒”“想要去做某件事”“运用想象力”等，而统领这一切的是“心灵”。这本书力图表明，明确这些观念对于弄清楚儿童是如何学习的非常重要。这本书的研究主题还包括：儿童如何学习概念，儿童如何形成信念、理解能力，儿童如何掌握知识和技能，技能是否可教，智力的本质及其测验，儿童情感的发展，儿童通过学习变得富有想象力和创造力，激发儿童的动机……。这本书用简单明了的语言对儿童的心灵做了非技术性的介绍，无论读者有无哲学背景，应该均能读懂。

第四本专著《儿童幸福与学校教育》（*Exploring Well-being in Schools: A Guide to Making Children's Lives More Fulfilling*）是由杨杏芳教授和赵显通博士翻译的。杨杏芳教授就职于华中师范大学，曾于 2013 年在伦敦大学学院教育学院访学，我们也是在那个时候结识的；赵显通则是伦敦大学学院教育学院的毕业生，目前在西南大学工作，从 2014 年起我和他就已经在很多事情上展开了合作。感谢他们不仅翻译了这本专著，还与石中英教授合作，为整套文集的出版做了大量工作。

从我写第一本教育哲学专著《走向必修课程》（*Towards a Compulsory Curriculum*）起，我便一直把个人幸福视作教育目的的核心，读者从我之前对《再论教育目的》《教育与工作的目的：对工作和学习的一种新的哲学审视》这两本书的有关介绍中可以清楚地看到这一点。《儿童幸福与学校教育》是对“个人幸福”这个主题的全方位拓展，它反映了我从早年开始写教育哲学著作以来关于幸福的思考是如何变化的。像《儿童的心灵》一样，这本书的语言比较通俗易懂，适合教师和其他没有哲学背景的读者阅读。围绕幸福，该书探讨了与之高度相关的诸多内容，包括宗教思想及其精神遗产，基本需求的满足，幸福与道德规范的关系，生命的意义，快乐生活的内涵，有价值的活动的含义，人们追求名声、财富与“地位性商品”存在的一些问题，等等。

除了以上著作外，这套文集还收入了由我近些年所写的多篇文章组成的论文集的中文版——《教育哲学的视界》，感谢杨杏芳教授和赵显通博士为这本论文集所做的工作。这本论文集收入了《幸福中心主义》(The Centrality of Well-being)这篇文章的中文版，我在其中简短交代了我自20世纪60年代以来在教育哲学领域所取得的研究进展。在其他几篇文章中，我从不同的方面探讨了教育与幸福之间的联系，并提出了诸如生活的意义、文化的功能，以及学生在多数人都陷入时间短缺的情况下如何过上充实的生活这类问题。此外，这本论文集中还有数篇论文涉及“何谓受过良好的教育”“学校教育的目的应当是什么”等问题，后者尤其关注在理论和政策层面小学阶段的教育目的。这本论文集中还有一些文章反映了我对教育领域中一些流行的理论、教育活动、教育制度等的看法，比如多元智能理论、儿童哲学、学校的考试制度等。这本论文集涉及的其他主题有：人文主义对教育的影响、民主社会的教育目的、教育哲学对于政策的重要性、当今世界的经济形势对于学生的影响等。

能够在中国出版这套文集，是我的荣幸。希望这套文集的出版，能够进一步巩固中英两国教育哲学领域的研究者之间的紧密联系。特别感谢这套文集的组织者，感谢这套文集众多优秀的译者，深深感谢你们以及我的其他中国朋友们，是你们使这一切成为可能！

约翰·怀特(John White)

2020年11月

本书序言

获悉《儿童幸福与学校教育》中译本即将面世，我很高兴。这本书的第一版于 2011 年分别在英国、美国和加拿大出版，中译本的两位译者——华中师范大学的杨杏芳教授和西南大学的赵显通老师——都是我的朋友。杨教授曾在伦敦大学学院教育学院做访问学者，赵老师是从伦敦大学学院毕业的博士，而我本人则是从 1965 年起就在伦敦大学学院工作。从 2013 年先后认识他们俩算起，如今我和他们已经认识七年了。在这七年间，我和他们一直相处得很好，我非常感谢他们为翻译此书所付出的辛劳！

这本书的写作源于我长期以来坚持的一种看法，即英国和世界上许多国家（这其中可能也包括中国）很少关注和思考如何让孩子们过上充实的生活，并引导他们帮助他人也能过上这样的生活。英国的教育体系侧重于让学生在考试中取得优异的成绩，以便能进入大学学习，进而获得一份高薪工作。自 2011 年这本书问世以来，这种状况愈演愈烈。

令人感到悲哀的是，这种意义上的成功备受关注。我们所有人，包括我自己，都想让孩子拥有成功的人生。世俗之人仅仅把一部分人看作传统意义上的成功者，而把其他人视作失败者。这种看法是错误的，也会造成对人力资源的浪费。在我看来，我们每个人都可以过上充实的生活，这也是我在本书中所极力强调的。我认为充实的生活就是成功地投入各类有价值的活动和关系之中。从原则上说，我们每个人都能找到自己所喜欢的某种类型的活动，例如艺术类活动、实践类活动、体育类活动、学术类活动，以及结交朋友等。学校和家庭应当让孩子为这样的生活做准备，而且应当鼓励他们帮助其他人（身边的人、国内的同胞乃至国外的陌生人）也能过上以爱和关怀为基础的繁荣兴旺的生活。

我试图用一种对读者友好的、循序渐进的方式来写这本书，希望这样一来，无论诸位是否有哲学背景，都可以读懂其中的内容。本书分为两大部分，第一部分篇幅较长，第二部分相对短些。在本书的第一部分，我分别从多个视角追问究竟应该怎样界定“幸福”这个概念。本书第一部分的每一章又由两个部分组成：前半部分介绍不同视角下的“幸福”，后半部分则讨论与之对应的教育领域的议题。

我在本书第一部分的第 3 章介绍了宗教视角下的“幸福”。从宗教视角出发，人们倾向于认为，人的幸福的获得不是在“今生”而是在“来世”。这种源自宗教的幸福观曾在英国广为流传，也曾在美国产生影响。我在第 4 章转换了视角，从更加世俗化的角度审视像食物、健康、住所和收入这类人类基本需求的满足与人类幸福生活之间的联系。在第 5 章中，我转向了备受当今年轻人推崇的东西——财富、声望以及更高的社会地位，这些也是当今的学校教育系统趋之若鹜却很少对其进行反思的目的。紧接着在第 6 章中，我对当前的一个流行的观点进行了探讨，追问对于个人而言，最好的生活或幸福的生活是否应该是充满快乐的生活。与此关联着的是另一个与幸福有关的问题，即假如我们得到了自己想要的东西，或者说对我们而言那些最重要的欲望——比如，拥有一份好工作、有温馨的家庭生活、经常成为别人关注的焦点——都得到了满足，这是否就意味着我们过上了最繁荣兴旺的生活？这又引出了另一个问题，即我们能直接做出判断还是我们能用某种更加客观的标准来判断究竟什么东西对我们有益？充实的活动本身就是有价值的吗？如果是，那我们应该如何理解这一点？我在第 8 章中初步讨论了这类核心问题，在第 11 章中对其进行了进一步的探究。

在第 9 章中，我在讨论幸福究竟是何物时，谈到了工作在充实的生活中所具有的重要地位。这一章不仅关注有报酬的工作，还关注那些普遍意义上的生产性活动，比如写诗。与其他教育目的相比，职业有多重要？孩子们在学校应当花多长时间努力学习数学、地理或其他学科？像纯粹为了阅读的快乐而读书这样的非工作性的活动在学校教育中又该处于何种地位？

第 10 章所关注的问题对教育来说也是最重要的问题：个人幸福如何与他人幸福联系起来？这里的“他人”既可以是我们的朋友、邻居、同事、本国的同胞，也可以是其他国家的人。相较于更信奉集体主义的国家（例如中国），我认为在更加强调个人主义的西方世界，人们更倾向于在个人与他人之间划清界限。正如我在本书中所阐释的，就幸福而言，我倾向于“社群主义”的视角。在本书第一部分的最后两章中，我依次讨论了经验的深度与生命的意义。

本书第一部分的每一章都与学校有关，而在本书的第二部分，我详细阐述了“幸福教育”的内涵。在第二部分，我首先聚焦于一个全局性问题：在一个比我们当下更加平等的社会中，如果学校致力于让学生过上幸福的生活，同时引导他们帮助他人也过上这样的生活，那么主要的教育目的应当是什么？知识的获得、个人品质的养成在幸福教育中又处于何种地位？什么样的学校课程能与这些目的相匹配？能是基于传统的那些学科吗？学生可以自主选择的活动在学校应占多大比例？又该如何确定与学业有关的活动与非学业性的活动之间的比例？学生之间的合作学习又应该以何种程度为限？什么样的评估方式才能与追求幸福的学校教育相匹配？

以上这些就是本书的基本主题。这本书大约写于十年前，如果是放在今天来写，我想内容会有一些不同，其中一点就是我会在这本书中呼吁教育领域要对气候变化对人类所造成的日益严重的威胁做出反应。除非世界各国尽快采取行动，减少二氧化碳的排放量，否则地球上的所有生命甚至地球本身都会处于危险之中。这个现象会在多大程度上影响我们对教育的构思？如果我们外出时能减少坐车或坐飞机的次数，减少对肉的食用，过一种尽量节约地球资源的生活，那么家庭和学校是否应当更加强调“节俭”是个体繁荣兴旺的生活中的一个关键要素？我当初写这本书时，尤其强调要让学生自主地选择自己应当参加的有价值的活动，然而当我们面临气候变化所带来的问题时，父母和教师是否应当教导孩子远离那些加剧气候变化的事物，例如需要花很多钱的爱好，代之以成本更低的休闲娱乐方式，比如阅读、与朋友相伴以及欣赏五彩缤纷的大自然美景？抑或上面这套说辞可能反映了某种家长作风，其合理性尚有待证明？

关于我们应该如何更好地生活和如何更好地教育下一代这两个问题，也许我们永远也得不到最终的答案。然而我希望，本书的读者能够与我一起寻找当前最令人满意的答案。我想，没有什么比探讨我们自身的生活样态以及我们所关心的儿童的生活样态更核心、更重要。

约翰·怀特

2020 年 11 月

目 录

第二部分　以幸福为主旨的教育：未来之路

绪　　论

1

1930年，经济学家约翰·梅纳德·凯恩斯（John Maynard Keynes）曾预言，到2030年，英国人的平均生活水平将提高8倍，而届时英国人一周的工作时间只有15个小时（Skidelsky，2009）。他认为，到那时人们将从追求经济增长的目标转向享受充实的生活。

我们现在离凯恩斯所设定的2030年的目标还差很远，我们的平均生活水平则是1930年的5倍多，但是我们的工作时间仍然很长。我们偏执地热衷于增加所得和消费。今天的情况似乎与凯恩斯所设想的幸福有很大的差距。如果我们拥有了这种幸福又会如何？

无论如何，2000年的到来使人们思考新的起点。自2000年以来，很难不去关注人们对快乐的生活所抱有的成见。媒体就很坚持这一点，譬如，昨天的《卫报评论》（*Guardian Review*）用了3页的篇幅宣称“对快乐的追求正在使人变得悲惨”，文章的开头还配了一张很大的图片，图片上是一个小丑的脸。学校很重视“快乐课程”的开设，上一届工党政府也将儿童的幸福作为学校和家庭政策的核心问题。

在2030年以前我们不会实现凯恩斯的梦想，但是我们也许可以和他的设想重新产生联结。本书就是在朝这个方向前进，它致力于探讨什么样的教育能加速这种幸福社会的到来。

正如我们所知，学校可以是一个奇怪的地方。就在今天上午，一位对上帝心怀敬畏的科学教师在广播中谈论他是怎样在不相信进化论的情况下，还是选择把这个理论教给他的学生们，以便他们能在公开考试中取得好成绩。与这件事所暗含的学校教育（schooling）把获得考试的成功作为中心任务的逻辑相比，我对宗教方面的东西没什么兴趣（虽然下文还是会涉及宗教方面的内容）。

我们本应该将这些令人悲哀的、非理性的做法连同20世纪一起丢在身后。尽管现在的教育制度使得学校在某些方面比以往做得更好，也比以往更有效率，但是在这样的制度的影响下，学校完全迷失了自我，不知道自己究竟为何存在。本书描绘了新的愿景，它建议学校应当把自己的主要职责定位为使人们有能力去过一种充实的生活。

一方面，本书的这个建议看起来很平庸（难道这就是我们所期待的一切？）；另一方面，也许它根本就不是我们所期待的。但是，如果我们真
2 的以充实的生活为目的，并且打算像一张白纸一样从头开始做起，那么学校尤其是中学将会变成一个很不一样的地方。目前的情况是，学校的方方面面都被严格的学术标准、没有废话的纪律、努力学习、实施星级评分的考试，乃至在大学获得一席之地等套牢，学校就像是一个自己证明自己具有合法性的企业。从局部来看，围绕考试这根指挥棒打转的学校的确能将各个方面的工作凝聚起来，使它们高效运转。但是，从整体来看，这种学校形态缺乏一种令人信服的理论基础。

在本书中，我希望能表明我将幸福置于学校生活的中心地位的有关论述不是平淡乏味的，我所阐释的观念，其含义也都很丰富。如果我们对此认真考虑，就会有一千零一种方法使学校的面貌发生改变，而我在书中就其中一些可能的方法开了个头。

我们首先需要做的就是澄清概念。“幸福”（well-being）、“充实”（fulfillment）、“繁荣兴旺”（flourishing），不管你如何称呼幸福，至少它有望占据政治和教育议程的一个显著位置。但是，它究竟是什么还是有些模糊。昨天《卫报》（*Guardian*）上的一篇文章认为，心理分析是探寻隐秘事物的关键。有“快乐沙皇”（Happiness Tsar）之称的经济学家理查德·莱亚德（Richard Layard）认为，幸福与种种“愉快的感觉”（pleasurable sensations）有关。一些人认为我们不应该一开始就将“愉快”（pleasure）与“幸福”混为一谈，另一些人则主张“繁荣兴旺的生活”（flourishing life）就是“得到自己想要的东西”，还有一些人则拒绝接受这样的观点。

上述观点的模糊性部分源自这类事物在哲学上的不确定性。但是，本书所要关注的显然不仅仅是哲学方面的东西。一方面，对这个问题的讨论本身就很吸引人，在这里它们常常被用作教育目的。在学校按照新的“以幸福为主旨”的观念展开教学活动之前，首先需要对“幸福”有清晰的认识。

另一方面，我们也不能忽视自己置身于其中的社会，它是我们思考包括学龄儿童在内的所有人的幸福的大背景。在一个缺少植被的地方你最好去种一棵树，这是因为你相信在这块不毛之地，与树相比，财富一文不值。切换到现实生活中，到底拥有多少钱你才会感到满足？是不是除非你在 40 岁时财源滚滚才算成功，否则从你的脸上只能看到失败？对名望（celebrity）的追求也是同样的道理。你能愉快地作为一个无名之辈过完这一生吗？

还有其他一些与幸福有关的信念需要探讨，例如幸福与闲暇之间的联系。经济学家凯恩斯极为看重的缩减工作时长的观点是对的吗？若如此，那么它如何与我们在学校发现的勤勉的机制相协调？抑或它们是新教徒的工作伦理最后的堡垒？应当如此吗？

宗教世界能对世俗生活中的人产生多大的影响？人的心灵的本性（nature）和身体的本性在人追求幸福的过程中又扮演着什么样的角色？设法让孩子们有能力去过一种幸福的生活是不是一个巨大的错误？我们是否宁愿把孩子们塑造成道德意义上的好人，使他们能够履行上帝或与之相对应的世俗的“大写的理性”（Reason）所赋予他们的义务？

“幸福”方面的主题由上述这些问题、不安、疑惑以及过去留给我们的阴影等组成，我被这些看似散漫的东西打动。一只小蜘蛛正在我书房中的电脑上方吐丝织网，而我呢，正好在它的下面“吐出”这些词语。我的 3

行事风格就像它一样吗？我围绕着“幸福”这个中心，不断地后退，又不断地返回，之后又加速离开去建立更多新的联结。

事实上，在本书中，所有这些“丝线”都缠绕在一起，形成了一个整体，我的最终目的是促进教育的改进与提升。如果我们想把教育置于“幸福”的基础上，那么父母怎样做将是我们首先要考虑的事情。称职的父母会将孩子繁荣兴旺的生活放在心中——不仅将来如此，当下也是如此。这体现在孩子们玩的游戏中，体现在他们自己安排远足，体现在他们亲亲密密地生活在一起。如果为人父母意味着强迫孩子们去做那些他们并不喜欢做的事情，那么没有几个人愿意去干这种差事。然而学校里的教育工作者却经常做这样的事情。如果学校和家庭能在一起合作的话，那么究竟谁应该向谁学习？学习什么？

如果有一种情况是学校更多地向家庭的教育方式靠拢，那么这两方也许会更加远离大学。关于在课外如何学习，人们有很多可以谈论的东西，但对于面向 18—19 岁青年的全日制学习模式，人们置喙得不多。这使得中等教育阶段的学校被大学的入学率束缚，与之相伴的，是中学的课程、学生不得不面对的考试压力及其谋求螺旋上升的地位的念头等均发生了扭曲，而我们直到现在才开始意识到其所造成的严重的社会问题。如果我们希望学校成为人类社会繁荣兴旺地发展的苗圃的话，那么学校一定有比现在更好的存在方式。

* * *

是时候对上述问题进行更加系统的探讨了。本书基本框架如下。

本书的第一部分介绍了一个现象：自 2000 年以来人们对于把“幸福”作为社会和教育的理想的兴趣尤为高涨。在第 2—13 章，我探讨了人们通常所持有的种种“幸福”观点，使观点之间彼此“问诘”，然后挑选出那些最有希望、最站得住脚的观点。纵观这 12 章中的所有讨论，我认为自己像是一位“领略了思想的无限风光的导游”，带领着教师、学生和家长从开头几章中简单的思想漫游开始，一步步地踏上后面更加具有挑战性的旅程，偶尔甚至要进行高难度的攀爬。这 12 个篇幅较短的章，每章均分为两个部分，前一个部分是与幸福有关的观点，后一个部分则是设想可能存在的种种教育议题。

为什么人们对于幸福有这么多不同的理解？其中一个缘由是人类经历了从宗教世界观向世俗世界观的转变。现在相信个人充实的生活与“灵魂不朽”有关的人越来越少，也很少有人会相信人只有像苦行僧一样努力干活和品行端正才会有光明的前景，我们更加关注个人在今生所过的某种样态的生活。然而，宗教的影响依然存在，比如：人们对过去的工作伦理的坚持，对智力成就的过分称赞，不能确定人到底是应该为他人而活还是应该为自己而活。

第 2 章和第 3 章讨论了宗教在教育领域的“遗产”及其表现形式。学校，尤其是 11 年级之后（post-11）的学校，仍然是孩子们为了获得将来的回报而努力奋斗的地方，即使这些回报属于来世。学校的教学内容依然是为孩子们进入最高的社会等级做准备的纯粹的智力课程。在价值教育中，道德至善（moral goodness）每一次都胜过个人目的。

在宗教世界中，为了升入天堂，人们所需要的也许包括这些东西，比 4
如：纯洁的灵魂、忠诚、正直、（作为信徒）掌握关于上帝的相关知识、良好的工作表现等。干净的饮用水、食物和住所等不是非要在此清单上不可。但是，考虑到我们人类动物性的一面，我们中的大多数人在不同的年龄段都会把后面这类东西看作繁荣兴旺的生活最基本的前提。第 4 章探讨了学校能够做些什么来引导孩子们懂得如何才能过上幸福的生活并培养他们相应的性情。此外，我还探讨了除了满足需求之外，人的生活还有哪些内容，比如，假设你的基本需求在宽泛的意义上都得到了满足，那么何谓充实的生活？

我们可以把人分为两类：一类是仅仅看电视的人，另一类是在电视上频繁露脸的人。考虑到定期看电视的时长有别，因此就不必惊讶在第一类人中有如此多的人最欣赏那些被数百万人认识的面孔。如果你的邻居是位名人，那么他对于你来说就是一种财富，也就是所谓的“地位性商品”（positional goods），就像时尚物品或者高薪工作，或者在国际足球比赛中赢得胜利等诸如此类的东西。人们珍视这些东西，把它们看作一个人身居高位的标志。在第 5 章中我考察了追求名声（fame）、金钱和地位优势在多大程度上可以增进一个人的幸福。许多孩子都被这些东西弄得眼花缭乱。学校是否应该做更多的事情来帮助孩子们认清这些东西的本来面目？

追求快乐的生活并不需要去追求名声和财富，虽说奢侈享乐是我们世俗世界中一种梦幻般的理想，但是其引来了宗教人士和严肃的新闻从业者的痛斥。在第 6 章中我对杰里米·边沁（Jeremy Bentham）所主张又被经济学家莱亚德重申的“快乐是人类繁荣兴旺的生活的关键”这一观点进行了批判性的检视。无论人们对“快乐主义”（hedonism）通常持有什么样的看法，似乎至少有一个无可辩驳的理由，即要使学习本身变得有趣，而不是使其成为学生为了其他种种好处而不得不忍受的活动。

在第 7 章中，我对大家普遍关心的一个问题——“究竟什么东西能导向繁荣兴旺的生活”——进行了探讨。这又与成功有关——不是世人眼里的“成功”，而是指一个自由的、自主的个体能够获得自己想要的生活（尽管在经济事务方面其只是一个终身理性的消费者）。有鉴于此，学校应当考虑如下（可能的）选项：商品和服务是一个方面的选项，活动和经验是另一个方面的选项。就这种模式而言，学龄儿童需要熟悉多种生活选项（范围要大）。又应当以什么方式提供一种百科全书式的教育呢？

本章还对欲望 – 满足（desire-satisfaction）论进行了质疑。假设你在生活中最想做的事就是整天玩老虎机，或者是使人害怕你的力量，或者是得到别人的关注，可是这些“欲望”真的重要吗？根据我对“幸福”的一种不同的理解，这里所缺失的是“真正有价值”这个限定。

第 8 章探讨了一个新的视角，它促使我们思考学校教育从根本上意味着什么。除此之外，它想向世人倡导这样一种观念，即学校教育的基本
5 任务是确保所有孩子离开学校时，在每个主要的知识领域或每个主要的生

活选项方面都接受过入门训练。（过去，也许我们会说）一个人要沉浸在（throwing oneself into）自己所追求的志向中，而不是情非所愿或者敷衍了事，（但是，正如我们所说的，）让自己沉迷于（losing oneself in）活动之中，在现在这个社会更有“优先性”。这一章是全书的关键所在，后面各章则是检视它所抛出的各种问题以及介绍它们对社会和教育改革的实际意义。

第 9 章兑现先前的承诺，探讨到底什么样的工作才能让人们过上充实的生活。对工作伦理的固守使得人们很难弄清楚它可能是什么。我们应当在你更加愿意沉迷于其中的工作和那些你不得不去做的工作之间做更彻底的区分吗？作为捍卫工作伦理的最称职的堡垒，学校是否要被重新设计以成为“幸福生活”的苗圃？自主的工作或者他律的工作在其中又将发挥怎样的作用？

按照传统的基督教教义，托尔斯泰（Tolstory）的哲学思想指出人应该为他人而活。这似乎远离了本书的主线之一——个人层面的充实，也挑战了学校为促进个人生活的充实所做的努力。一旦我们放弃了宗教信仰，我们就会变为赤裸裸的利己主义者吗？在我们这个新世俗时代，学校是否真的应该督促孩子们力争上游？我在第 10 章中想尽量消除人们的这种担忧，因为我认为上述想法是基于错误的二分法：一边是个人幸福，另一边是道德。我想表明的是学校如何做才能在不同的“战线”上都做得很好。学校经常弄不明白“道德至善”与“个人生活的繁荣兴旺”这两个概念之间的联系，在课程方面也没有对这两个概念之间的联系予以重视。

正如我刚才所说的，在第 8 章中我坚持认为构成一个人繁荣兴旺的生活的那些活动和关系必须是真正有价值的，但是，我们怎样告诉他人做某件事是值得的或一点也不值得呢？对于年轻人或其他人而言，有这样的权威存在吗？共同的人性在多大程度上存在？我在第 11 章中讨论了上述这类问题及其他问题，以帮助人们远离前面几章中的一些障碍。我也对过去几个世纪以来值得人们追求的事物有了大幅扩充以及内心对幸福有体验的人也在不断增多的现象感到开心，这些都对我们思考公民教育的方式产生了意想不到的影响。

人们有时会说，在世俗的世界，艺术正取代宗教，帮助我们从事物中获得意义——采用艺术的视角，我们宁愿选择辉煌而短暂的生命也不愿存在于死气沉沉的永恒之中。因此，审美观念有助于形塑第 12 章中的那些论点，这样一来，那些论点就不会令人惊讶了。这也让我们有理由质疑那些声称某些有价值的活动相较于别的事物而言要进一步予以深化的说法。学校不仅要考虑深度，也要兼顾广度。但是，我们如何描述深度呢？它与某个专门的学术性学科有关？它以某种方式与精神发展有关？在这里，文学和其他艺术可以起到一定的作用，因为它们能刻画出我们生命活动的多种样态，包括从感性的、表面的生活到隐藏在其后的深层次的反省和体验等。

6 在本书第一部分的最后一章，我探讨的问题是，对于某些人来说，生命的意义为什么是他们最看重的问题。这里似乎有一个假设，即生命是有意义的。我们应当沿着这个假设走多远？这是不是说某些即使超出我们的自然生命的目的仍然能使我们的生命有意义？如果你压根就不相信这些目的的话，那它们是不是就会让你的生命变得毫无意义呢？是否抛开宗教，我们也仍然能够谈论有意义的生活？它是不是那种繁荣兴旺的生活？第 13 章提出的问题，连同前面各章提出的许多问题，不仅仅适合放在宗教教育的课堂上讨论，也适合放在学校里或大或小的小组活动中讨论。

本书第二部分将第一部分抛出的“丝线”编织在一起，建构了新的学校愿景。我在第 14 章中简要地论述了幸福的内涵，在第 15 章中提纲挈领地指出了社会应做出怎样的改变以使每个人都可以处于幸福就在触手可及的范围内的状态，同时也指出人与人的生活机遇存在差异，因此有必要在社会福利和缩减工作量等方面进行改革，以帮助人们消除彼此之间在生活机遇方面的差异。第 15 章的结论是：英国应通过对高等教育制度进行重构并做出适宜的安排，使得中学阶段的学校能够留出后半程的几年时间，让学校成为学生们可以去过更加充实的生活的地方。

我们循此思路进入第 16 章。第 16 章和第 17 章都是面向学校的，聚焦于每个孩子繁荣兴旺的生活。本章也探讨了在全套教育目的之中何者优先的议题。这种优先项至少不会以经济考量为中心。本章仍以广角模式讨论了学校尤其应该借鉴家庭生活中“以人为本”的实践方式，以此来促进让每个孩子繁荣兴旺地发展这一教育目的的达成。第一个优先项是确立合适的目的，然而政策的制定者更愿意从学科列表开始，而不是从教育目的开始。我们需要摆脱这种懒惰的制订计划的方式，转而从一个站得住脚的、能给学生带来幸福的具体的目的开始。在这些具体的目的中，传统的目的瞄准的是知识的掌握，虽然这也很重要，但其应该从属于那些我们都需要的、能让我们去享受充实的生活的个人品质。

这个愿景如果没有提到学会统筹安排的话，那就是残缺不全的。快乐课程是一种推进方式吗？我们应当反思一下，是否需要在孩子被迫参与的活动与他们自发选择的活动之间保持某种平衡？在第 17 章，我不仅提出了上述这些问题，也论述了在本书第一部分中涉及的以某种工作为主线的活动与不以工作为主线的活动、成员相互协作与个人独立自学等方面如何保持平衡的建议。在此，我强烈呼吁要让更多的学生加入对本书第一部分所选出来的那些幸福问题的讨论。转向幸福这个目的也增加了评估方面的难度。我们又该如何超越传统的测试（testing）和考试（examining）的那些广为人知的弊端呢？我们又如何依靠更明智的方式来观察孩子们正在学习什么呢？

这本书主张学校政策要进行一种激进的转向，它力求澄清人们头脑中那些与“儿童的幸福”有关的模糊不清却又根深蒂固的价值观念。本书所传达的信息适用于全世界范围内的学校系统。在每个社会，包括那些终于摆脱了宗教阴影的国家，人们并不确定到底是什么构成了繁荣兴旺的人类 7
生活。每个社会都被强势媒体所宣传的关于成功、财富、快乐、名声、得到自己想要的东西等信息影响着。在每个地方，学校都成了人们获取生活中的好东西的梯子，正如传统的看法一样；在每个地方，少数年轻人将有望进入上流社会，而数百万人则仍然处于社会的底层。

无论我们是生活在印度、中国、尼日利亚、北美洲、欧洲还是在其他什么地方，我们都可以比现在做得更好。我们应该对人类最基础的价值观念有更加清晰的认识，并以此作为第一步，将我们的学校引到一条更有吸引力的道路上。

我一直生活在英国。众所周知，英国早期工业化带来了烟雾之患，这也促使英国人极力探索使空气更加清新的办法。那个在查尔斯·约翰·赫法姆·狄更斯（Charles John Huffam Dickens）和阿瑟·柯南·道尔（Arthur Conan Doyle）等人的文学作品中给人们留下烟雾茫茫的印象的时代早就一去不复返了。我现在要谈的是困扰我大半辈子的问题，那就是人类的生活到底应当是怎样的以及教育又应当为了什么？我想人们不会惊讶我在这本书中所引用的很多材料都是源自我最熟知的社会，本书的第一部分更是如此（我在其中考察了自 2000 年以来英国采取了哪些新的举措来增进儿童的幸福），本书的后半部分也是这样。对于世人而言，越是要说清楚那些具有普遍性的观念，就越有必要从自己最了解的环境中选取论证的例子。

尽管如此，英国以外的读者会发现这些论点都很好理解，也都很有吸引力。在某种情况下，读者能够自行将我所说的在英国历史背景中形成的关于幸福和教育的观念转化成自己的文化中的术语。如果说英国正在实践的那些指导人们生活的价值观念在很大程度上已经世俗化了的话，那么它们也不是独一无二的。这是因为不仅新教伦理在后宗教时代的英国仍将发挥它的影响力，而且伊斯兰教、犹太教和其他宗教，也都在影响着世界上其他地区的人的生活。

是时候让整个世界从那种钳制我们的教育范式中摆脱出来了，而且我们也要反思教育究竟应当围绕什么中心来运转。最近我们在英国也听到了这样的事情：在中国，许多孩子正变得虚胖，因为他们做作业要做到晚上八点，几乎没有时间锻炼身体。同样地，在日本、马来西亚、巴西、英国和其他地方，孩子们不得不把头埋在科学、数学、语言和地理教科书之中，以使自己能够有最大可能性考入一所好大学、得到一份报酬丰厚的工作和买下心仪的房子。每年竞争都在加剧，标准也在提高。这种状态持续的时间越久，年轻人的生活就会越来越缺少乐趣——不管是那些在快车道上的年轻人，还是在竞争中处于下风的年轻人。

在全世界范围内，我们都需要往后退，要问一下：这难道真的是学校应该有的样子吗？加入这种疯狂的竞争难道是我们唯一的选项吗？本书则给出了完全不一样的建议。

第一部分

幸福与教育

第1章　儿童的幸福

在英国，2000年的到来使人们又开始关注儿童的幸福，这当然不是说学校和其他机构在2000年之前所做的事情没有给儿童带来一点幸福，但最近十年中一些变革正在发生。

教育世界有这样三个方面的进展。

第一个方面的进展主要是2003年发起的“每个儿童都重要”（Every Child Matters）议程，它致力于改善小于19岁的所有儿童和青少年的幸福状态。2007年它成为英格兰和威尔士《儿童计划》（Children’s Plan）这项政府政策中的关键条款。这项政策特别谈及学校能做些什么。

第二个方面的进展与教育目的有关。1999年以前，英格兰和威尔士的公立学校并没有国家层面的教育目的的指导，自1999年开始，《英格兰教师国家课程手册》（*The National Curriculum Handbook for Teachers in England*）（DfEE/QCA，1999）中有了一个清单，该清单列举了作为学校课程和教学工作的基础的价值观念和目的：

> 对于家庭和学校而言，最重要的是秉持什么样的教育观念，以促进个人在精神、道德、社会、文化、身心等方面的发展及增进个人幸福。

自2007年以来，中学的教育目的虽又被重新修订，但依然突出了学生的幸福这个目的，最引人注目的目的是“使所有年轻人能够成为自信的个体，并能过上安全、健康、充实的生活”。

第三个方面的进展是通过课程和专项活动来增进儿童的幸福。其中最有名的是位于伯克（Berkshire）的独立学校——惠灵顿学院（Wellington College）。该学院于2006年在它的网站上公布了一件事：“今年秋季，惠灵顿的学生将成为世界上首批开始学习一套常规的幸福课程（俗称‘快乐课程’）的学生。”

12 作为该课程的支持系统，2008年一个名为“个人幸福”的新学科，进入11—16级课程[①]表中。其就像另一个类似的学科“经济福祉”一样，即将成为法定课程的一部分。

最近有一项旨在增进学生幸福的努力非常引人注目。在2000年以前，幸福一词几乎没有在教育词典中出现过，但在多年之后的今天，它却无处不在。

为什么会发生这种变化？原因很不好说。将来的教育史学家会比我们现在的人更能理解其缘由。与此同时，我们必须竭尽全力，利用所有碎片化的理解以拼凑出一幅完整的教育世界的图景。

引发“每个儿童都重要”这个议程的，是发生在伦敦的一起针对一个叫维多利亚·克里比（Victoria Climbié）的小女孩的暴力拷打案件。这个案件使人们意识到，若要避免类似的悲剧再次发生，需要更好地协调包括教育在内的与孩子相关的种种服务事项，其中又有五个优先项，它们分别是：应当确保所有的孩子身体健康、处境安全、小有成就且乐在其中、做出积极的贡献、享有经济方面的福祉。我在下文中将很快再度谈及这些话题。

把幸福作为课程目标的一大背景是人们对1988年的国家课程日益感到不满。许多人认为以传统学科为基础建立起来的“主智主义”的教育概念太过狭隘，而“每个儿童都重要”议程中的上述五个目标对于扩展人们

① “11—16级课程”是英国国家课程的一部分，它是公立中学里的11—16岁学生要学习的课程。在英国，学生一般在11岁左右读完小学，之后进入5年制的中学，所以该课程涉及的年龄段是11—16岁。——译者注

对学校教育目的的认识有较大益处。

惠灵顿学院推出的以幸福（或快乐）为主轴的特别课程，至少部分是受到积极心理学运动的启发。该运动是由马丁·塞利格曼（Martin Seligman）1998年在美国发起的，由剑桥幸福研究所（Cambridge Well-Being Institute）在英国予以推广。该运动侧重于对那些使人们过得更加快乐和更有意义的各种要素进行实证研究。

因此，来自社会福利、课程改革、教学心理学等多个领域的影响已经汇聚起来，而这一切都发生在过去十年里。为什么？这是一种巧合呢，还是更广泛的文化变革的前兆？

莱亚德2005年出版的《快乐：源自一门新科学的课程》（*Happiness: Lessons from a New Science*）（以下简称《快乐》）这本书的巨大成功给予了后者支持。作为一名经济学家，莱亚德在借鉴心理学的相关理论的基础上，为上面论及的三个方面增添了新的视角。他认为财富的增多并不能使人更加幸福，他的这个论断引起了公众的共鸣。莱亚德所收集的数据表明，自1950年以来，

> 虽然美国人的生活水平几乎翻了一番，但人们并没有觉得更幸福。……英国的情况与之类似。自1975年以来，英国人的幸福感没有什么变化，也并没有比20世纪60年代更高（后一点的证据不太充分）。尽管英国人的真实收入水平无论从收入分配的哪个方面来说都有了大幅提高，但情况就是这样。日本的情况与英国和美国的情况类似。（Layard，2005，pp. 29–31）

也许近十年来种种新的幸福观念揭示了“时代精神”（the zeitgeist，黑格尔语）的变化，它所要反映的是这样一种感觉：我们必须重新关注这样一个问题，即“到底什么样的生活才是值得过的”。我们也开始看到人们所关注的东西正在发生转变：从经济增长转到对幸福的追求。这也是凯恩 13

斯在20世纪初所做的预言。如果是这样，那么这究竟是短暂的情绪化的表露还是历史的一个转折点呢？这个问题的答案必须留待未来的历史学家们去讨论。

现在这个变得如此突出的“幸福”概念究竟是什么？各种组织和不同的个人所关心的与“幸福”有关的东西是同样的东西吗？

英国2008年的政府文件《学校在增进学生的幸福方面所扮演的角色》（*The Role of the School in Promoting Pupil Well-being*）就以下几个方面对幸福进行了定义。

> “每个儿童都重要”议程中的五项要求是：儿童应当身体健康、处境安全、小有成就且乐在其中、做出积极的贡献、享有经济方面的福祉。（DCSF，2008）

为什么这五项要求应该是幸福的构成要素？前两点，也就是身体健康和处境安全，看起来更像是必要条件而非构成要素。如果是这样，那构成要素中为什么包含了这两项而非其他不可或缺的要素，比如住所或者法律和秩序？这是不是因为“每个儿童都重要”就源于对儿童保护问题的关注？如果是这样，立足于“每个儿童都重要”而推出的学校政策是否只适用于那些被虐待和被忽视的儿童，而并不适用于每个儿童？

正如我们所看到的那样，惠灵顿学院开设的“幸福课程”或俗称的“快乐课程”是否意味着“幸福”和“快乐”是同义词？而在实践层面，幸福的东西是否能够以课堂教学的方式来教？

关于“幸福”，我们能在“积极心理学”（对惠灵顿学院和其他地方的人们产生了很大的影响）中发现些什么呢？是不是如同塞利格曼所言，“快乐”可以分布在三种不同的生活中：“愉快的生活”（the pleasant life）、“忙碌的生活”（the engaged life）和“有意义的生活”（the meaningful life）？（Seligman *et al.*，2009，p. 296）这种划分方式对吗？我们怎样评估一个人过得怎么样？那些对个体生活满意程度的报道可以作为证据吗？

“个人幸福”作为学校的新学科，有三个组成部分：批判性的反思、做出决定和管控风险、与他人合作和发展关系。从直觉上说，这些组成部分似乎是“繁荣兴旺的生活”的基本构成要素。但是，为什么只有这些内容？还有没有这些组成部分也在其中占有一席之地的包容性更大的图景呢？

最后，让我们回到莱亚德所写的《快乐》一书上来。在这本书中，他将“幸福”等同于“愉快的感觉”。这种认识对不对呢？假如一个人苦苦思索理论物理学的问题而备受煎熬，因而缺少这种“愉快的感觉”，那是不是说这个人就无法过上繁荣兴旺的生活呢？

上面这些问题论及的只是幸福的某些侧面，而“幸福究竟是什么”从 14
整体上看依然模糊不清。虽然我们也对安全、与人合作等事项给予了足够的关注，但是对于如何把这些碎片放在一起且其意味着什么还没有做出解释。这也是我们不得不转向哲学的缘故。我们需要围绕这个主题，竭尽全力找到对于幸福是什么的最好的描述。

上面论及的这些问题接下来还会在本书第一部分的其他位置再次出现，届时我将更深入地探讨个人幸福的相关观念，逐条解析，厘清疑点，并且力图表明学校和家庭应当如何运用这些观点。我做这些时秉持着这样一个信念，即教师、父母和其他教育工作者需要有这样一幅思想的导游图来带领他们参观教育世界的“主要地标”，而在这趟旅途的每个阶段，也就是说，在每一章的第二部分，我都会请大家停下来歇歇，并询问这些观点到目前为止对教育意味着什么。

15

第 2 章　最初的问题

如果我们足够幸运的话，我们每个人大概可以活上 70 年甚至更长时间。我们想要拥有美好的生活，成为一个快乐的人。为此我们该怎样做?

看清楚某个事物并不容易，尤其是在我们生活的这个时代。汽车的挡风玻璃的另一面可能有雾，我们也许不得不小心驾驶，直到道路清晰可见。

导致这种观念的模糊性的其中一个原因是：无论是在英国还是在其他许多国家和地区，虽然我们生活在世俗化程度越来越高的社会，但我们并不能彻底地走出宗教世界的阴影。这一点不足为奇。当我还是一个小男孩的时候，市面上流通的是可以追溯到 1860 年的铜便士，而 1860 年也就是达尔文出版他的《物种起源》(*Origin of Species*) 的后一年。一个“后达尔文”的世界如今不过只存在了数代人的时间而已，而在它之前的基督教世界则持续了一千多年。从这个角度看，时至今日宗教的影响依然如此之大也就不奇怪了。

让我们仔细检视一下“个人的快乐”。我们都向往快乐的生活。我们多数人都理所当然地认为快乐属于今生，人只要活着，快乐就随处可见。但是，传统的基督教教义则认为，人必须等到死后进入天堂才能拥有真正的快乐。对于进入天堂的“人”来说这是真实的，而下地狱的“人”则毫无快乐可言。

传统的基督教教义认为，每个人有限的生命只是为死后进入天堂所做的准备，它自身并没有什么价值。这导致人们的思想陷入混乱。我们中的大多数人都相信，今生的生活就是我们所拥有的一切。快乐就存在于今生，而不能指望在来世获得快乐。但是，这与禁欲主义的宗教观念是不一致的。一些人认为快乐就是享受美食和好酒、追求美色、锻炼身体、有美眷相陪、开心地玩、看看小说、去趟剧院，在基督教看来，这些东西不过是一些诱惑。过一种美好的生活，归根结底并不是说个体要成为自私的快乐主义者，而是说个体要在上帝面前尽到自己的职责，过一种道德意义上正直的生活。

由于这种宗教遗产的存在，我们中的许多人，不管信不信宗教，都不太清楚个体应当怎样过好自己的生活。我们虽然将“美好生活”挂在嘴边，但是我们不知道采取何种方式去过这样的生活。是要过一种寻欢作乐的生活还是要过一种道德至善的生活？

我们应当怎样活着？是为我们自己而活还是为他人而活？抑或既为
自己而活也为他人而活？在这点上我们没有定论。不管是信仰宗教的人或
者是后宗教时期的人，人们内心深处都有一个声音在说，最好的生活是高
尚圣洁的生活。这种理想，如果我们可以实现的话，就像是在非洲救济饥
荒者的工作人员、在医院里投入地工作的护士、乐善好施的顾问所过的生 16
活。即使是对一个毫无来世概念的世俗之人来说，这也是一种不辜负此生
的好活法。我们会问自己：“我到底为什么而活？”我们已经知晓答案，
那就是为他人而活，要让这个世界变得更加美好，要尽自己的绵薄之力来
减少充斥于世界上的贫困、暴力、冷漠和苦难。

我们内心深处还有别的东西在告诉我们，“我们到底为什么而活”本身就是个错误的问题。这个问题假定我们是带着某种目的活在这个世界上的，但是，情况是这样吗？如果达尔文是对的，那么生命是没有什么方向的，我们每个人都是千万年里盲目的进化与斗争、灭绝与幸存的产物。基督教所宣扬的目标既不令人高兴也不令人沮丧，毕竟基督教教义里所说的虚幻的“尘世的快乐”对于世俗之人来说才是真实可感的，它所嘲笑的“动物般的快乐”是真正的动物们的快乐，例如：交配、吃东西、喝水、

玩乐、占有等等。那我们除了动物性之外还有什么别的品性吗？除了上述清单中的项目之外，我们可以在何处获得充实感？

生命是短暂的，玫瑰的花瓣必须聚拢在一起。只要我们有活力、有能量、身体健康，我们就可以享受其所带来的欢乐。牧师们把这点与我们“永恒的灵魂”进行对比，称其是我们“低级的本性”。但是，灵魂问题是一种童话故事般的无稽之谈，我们不过存在于世间几十年，从稚嫩到成熟再到逐渐衰老。让我们充分利用这段时光，让房间充满歌声和劲舞，让杯子盛满美酒，让欢笑和爱情使得原先的长夜遽然短暂。

从更深层次来看，还有一个不同的观念，即快乐不是生命的全部。我们也许没有比动物强到哪里去，但是总有一些动物要好过另一些动物。喜鹊除了打架、私通和觅食外还能做什么呢？我家养的一只雄性公猫每天所做的事情除了捕老鼠、吃吃喝喝和在太阳下打个盹之外，还能有什么呢？如果作为人类，我们也去做这些事情，那肯定是我们自己的选择，而不是因为我们生下来就被“编程好了”以至于除此之外不能去做别的任何事情。据我们所知，人类是唯一一种能够意识到自己存在的生命体。兔子能够看到和听到东西，八哥能够感觉到疼痛，人类也有这些感觉，但是唯独我们人类是能够意识到我们能听、能看、能感受的，这构成了人类与其他动物之间的本质区别。我们不是大自然的囚徒，我们活着，我们也爱着，并且我们能够对自己所过的生活和所爱着的对象做出反应，我们有能力不被欲望左右，并与之保持一定距离以评估它。

总而言之，这意味着我们确实有低级的本性和高级的本性。我们纯生物学的部分让我们没能去做公正的事情。我们全都是有自我意识的生物，这一点不是指“我们被注视时会脸红”，而是指我们和宇宙中别的生物不一样，我们能够意识到我们是活着的，能够记住我们的过往，能够瞄准我们未来的目标。我们意识到要与他人建立种种关系，而这些关系中包含着往事和可能的未来。我们所建立起来的和被毁坏的关系网络构成了我们生活中至关重要的那些部分。我们不仅看和听，更能够将这些初级的感知形式加工成油画、诗歌和音乐等艺术作品。

我们应该听从内心的哪种声音呢？我们的基督教背景再次“入画”。17 对于“我们应该如何生活”这个问题，我们有两种可供参考的答案：一种是更加看重我们自己充实的生活、我们自己的快乐，另一种则是更加看重我们能为他人做些什么。这就是自我利益与道德规范（morality）之间的对抗。对某类基督徒而言，道德规范是最重要的。我们的生活植根于义务，比如：要爱上帝，要爱邻如己，不奸淫，不撒谎和觊觎，原谅得罪过我们的人，等等。在这种观念中，对自我的关切让位于道德责任。它认为，我们必须学会抵制诱惑。此外，欲望、贪婪和急躁会把我们推向动物性。

正是因为道德规范在传统社会居于中心地位，所以我们这些世俗之人所拥有的在道德上应当做什么的观念，要比那些如何才能让我们的生活更加繁荣兴旺的观念清晰得多。比如说我们都知道我们应该爱我们的孩子，对邻居要友善，要帮助那些深陷困境中的人，我们不应该撒谎、伤人、欺骗、偷盗、杀人以及不守诺言。

相比之下，就很多方面而言，我们对于“个人充实的生活”的看法就不那么确定了。对于它到底有哪些构成要素，我们没有形成定论，对于在生活中究竟应将何者置于首位，我们也并无共识。与传统基督徒相比，是不是世俗之人以自我为中心更加突出，且他们都深陷对自我利益的追逐之中？

教育领域的议题

本书第一部分中几乎每一章都分为“正文”和“教育领域的议题”（issues for education）这两个部分，这是后一个部分第一次出现。后一个部分的目的是把在正文中产生的有关“幸福”的教育方面的议题标记出来，并对其进行更加全面和系统的论述。

我就此展开讨论。学校和家庭在教育孩子们时是应当竭尽所能地让孩子们为未来的生活做准备还是应当让他们就活在当下的世界中？

假如拿这个问题问生活在 19 世纪 60 年代的英国人和美国人，他们中的绝大多数人可能会选第一种立场，但是今天很少有人会这么选了。虽然支持“天国中心”的声音仍有回声，尤其是在变化缓慢的学校系统中，特别是那些高年级学生所在的学校仍然把培养为未来的利益而奋斗的学生作为其职责，但是对于大多数人来说，与 19 世纪 60 年代不同的是，幸福全都在今生：享受大学生活、有一份好工作和一栋豪宅、过一种安逸的生活。这些东西使得人们认为在学校所付出的种种努力，比如放弃所有的快乐、忍受各种束缚自己的公开考试等，都是值得的，并告诉自己：“没有一种奋斗是徒劳无功的。”

其他人以另一种方式来让学校为孩子们的人生幸福做出贡献。如果想让孩子们去过一种繁荣兴旺的生活，那么孩子们在学校所做的事情不应当只是为这种生活做准备，而是现在就应有所体现。学习意味着成为学徒。如果我们想要 3 岁的康纳（Conor）长大后成为一个体贴的人，我们就应当鼓励他与他的朋友们分享他的挖掘机（玩具），乐于拥抱他出生不久的
18 小妹妹。如果我们想让他去过一种充实的生活，我们必须现在就引导他去完成各种活动，而当他上学的时候，也希望他的老师们会这样做。

本书将泰然自若地遵循“学徒模式”，后面的章节也是在填补“学徒模式”方面的空白。它是一个很复杂的故事，但是在本书第一部分我会一点一点地处理它，而将展现完整图景的工作留在本书第二部分中去完成。

虽然和大多数人一样，我信奉“今生过得充实”的理念，但是我意识到在某些教会学校和家庭中依然存在“教育应重视来世”这样极端的观念。一些教会学校会审查图书馆收藏的书有没有涉及“性”，而有些家庭用宗教方面的理由禁止孩子看电视。这些学校和家庭几乎没有给孩子多少时间去做那些我们大多数人现在所理解的会增进孩子的个人幸福与繁荣兴旺的生活的事情。

如果教会学校让它的学生们认为今生的生活只是一场在别处获得祝福的精神奋斗，那么它的做法是对的吗？我们中的许多人将这称为灌输（indoctrination）。但是，让年轻人相信死亡是一切的终结，是否就少了一些灌输的色彩？

灌输让人心灵闭塞，有一种方式可以避免这种现象。作为一种拥有今生的动物，我们有良好的理性思维能力使自己过得幸福。作为追求幸福生活的人，我们有比那些把幸福定位在天堂的人有更多可言说的理由。这些理由使得我们在教育孩子时所持有的哲学依据是前者而不是后者。同时，也应当鼓励孩子对于人死后可能的存在状态以及能否获得天堂里的幸福做出自己的判断。毕竟，这是他们准备怎样去生活所要面临的第一个重大问题。他们需要讨论这个问题的两个方面，讨论这两个方面各自所依赖的基本假设以及是否有一个神圣的上帝存在。

2007 年修订的英国中学课程的改革走向是支持“宏大观念”（big ideas）而不是具体的事项（specific items），然而其阻止学校对其中一个最宏大的观念进行讨论。“上帝是否存在”这个问题只准出现在宗教课程中，但也只能出现在注解中，作为学校也许想要着手讨论的许多可能的“终极问题”的一个例子。如果学校真的想讨论这个问题，那学校没有义务用明显不同于宗教观念的非宗教视角去检视它。

很难为它进行辩护。我们需要坚持让孩子们从很多方面而非从某一个方面回答“上帝是否存在”这个问题。由这个假设衍生出来的问题的情况也是如此，比如在哪里可以体会到充实？有比这些问题更加宏大的观念吗？

我知道我没有使这场争论终结。并非每个人都同意我们有更好的理由把“幸福”限定在自然世界之中而不是把它与超自然的东西相连。本书也不会为了这个结论而合并所有的争论——虽然我希望在第一部分余下的那些章节中的案例可以支持它。在多数情况下，我理所当然地认为本书的大多数读者将和我站在一起。虽然我把在这个世界上要完成的目标分为很多 19

项，但有宗教情结的读者会认为今生要完成的目标并不是只有这些。

在写这本书时要考虑的一个中心问题是，我们虽然从宗教世界的阴影中挣脱了出来，但是我们对“什么是人类的幸福”并没有明确的认识，也不知道这个问题应该如何对家庭和学校的工作产生影响。和其他人一样，父母和教师被新旧世界之间的冲突所带来的困惑和不确定性折磨。如果可能的话，把孩子教育成道德上的“好人”的职责怎么和对“幸福”的明显强调所带来的自我中心融合呢？

我将在随后的各章中探讨这个问题和其他一大堆问题。我在下一章将进一步讨论在我们这个更加世俗化的时代中常常被忽视但依然存在的“宗教的遗产或阴影”这个主题。从第 4 章开始，我希望将人们关于“幸福”的图景放到一起，对幸福形成更加清晰的认识，并探讨它对教育领域的影响。

第3章　何谓幸福？宗教遗留下来的某些观念 20

1

鉴于世俗的世界充满了"我们应该如何生活"和"出路何在"的困惑，一些宗教人士提出要重温《圣经》或《古兰经》所给出的确定性。我们很熟悉这种提法。对此，我的立场是：虽然生活中有着这样或那样的"迷雾"，但肯定有更好的办法来驱散它，比如通过思考和艰苦的努力从一团乱麻般的生活问题中捋出一个头绪来。

在过去的几个世纪里，西方文化发生的主要变化是将一个世界分为两个世界。基督教的世界观是，人生于斯、死于斯的世界与那个神圣而永恒的世界相比是低等的世界。如果足够幸运的话，个体将在那个神圣的世界中以灵魂不朽的方式继续存在下去。

生活中的"迷雾"与这种二分法有关。在这种涵盖了两个世界的故事里，早就存在关于幸福的不同表述：一种表述针对的是我们周围的日常世界（这种幸福观在人们看来会让人误入歧途），而另一种表述针对的是不可见的世界（这种幸福观被认为是永远正确的）。

在"日常世界"里，出于动物的本能，人们被各种诱惑牵制。他们被性、食物、饮料、财富、控制权以及他们对自己和所属群体的偏爱驱使。他们认为快乐地生活着就是围着这些东西转，但是他们受到了蒙骗。即使他们能实现这些目标，所有这些快乐最后也都会随着死亡而结束。对于那些获得了真正的幸福的人来说，唯一真正的幸福只存在于那个"不可见的世界”。

“不可见的世界”本身是有些模糊不清的。宗教人士用其捏造的高高在上的天堂中的故事来吸引芸芸众生，编造天堂是个美好的地方，那里到处流淌着蜂蜜，珍馐美味想吃就吃。而在一些特别为男士设计的宗教幻想中，一位男士可以独占几十位美貌的处女。

还有一个只有行家才能懂的故事，这个故事更多地是和大脑有关。隐藏在我们凡人的身体之中的是我们不朽的灵魂，其构成了我们人类的核心部分。灵魂摆脱了身体这个累赘，它能且只能从事精神方面的思考活动。从身体中解放出来之后，它就失去了从其他有意识的存在物中分离后的外表，灵魂本身似乎是一个加入神圣意识之中的单独的实体。

21 所有这些勾勒出有关个人自我实现的两种形象：一种是虚幻的，另一种是真实的；一种是放纵身体的快乐，另一种则是追求纯粹的精神活动。

在我们这个世俗的时代，二分法的阴影依然存在。首先要面对的是身体问题。在那个以男士为中心的老式理想——人生中最快乐的事无非是有美酒、美女相伴的声色犬马般的生活——中，人们对酒更加挑剔，对两性问题更加敏感，各种类型和风格的音乐层出不穷。这些在宗教时代应受到谴责的事情，对于今天的许多人来说则是些很酷的事情。曾经一度被宗教严格控制的肉体的诱惑，在今天却被给予了很宽松的空间，而且，新快乐主义者说：“究竟有何不可？”

相似的转变也发生在高级阶段。新的世俗化时代的第一个关于“幸福”的理论来自边沁，他认为快乐的生活是在快乐与痛苦的体验之间取得最佳平衡。

并不是每个人都对此感到满意。边沁的杰出继承者约翰·斯图尔特·穆勒（John Stuart Mill）就跟他保持了思想上的距离，并认为边沁的这个观点是一种“猪的哲学”。世界上既有高级的快乐也有低级的快乐，既有心灵的快乐也有身体的快乐，了解这两个方面的人会告诉你前者的品质更加上乘。（Mill，1861，Ch.2）如果你认为在多巴哥（Tobago）的某处阳台上喝点鸡尾酒是件人生乐事，那你就错了，你可以比这做得更好些，比如走进房间，打开你的笔记本电脑，然后开始撰写一篇关于古斯塔夫·福楼拜（Gustave Flaubert）的文章。

也许有人会说："这不就是关于两个世界的世俗版的故事吗？"（请记住穆勒有个按长老会的要求长大的父亲）

对精神的看重和让精神与身体之间的联系越少越好的想法，是我们的文化的一大特征。你会发现《电报》（*Telegraph*）的很多读者和作者都感叹，旅游和媒体研究现在居然进入了大学的课程表中，但是你听到过类似于"数学和哲学不应该成为大学的课程"的抱怨吗？作为一名哲学家，我总是喜欢观察人们回答"你接下来打算做什么"这个问题时脸上审慎的表情，这多少也能减轻我说自己是一名教育哲学家时的不安。

哲学家之间存在很明显的等级。你能想象出政治哲学家或者美学家会处于更高的等级吗？最高一级只留给那些最擅长研究最抽象的问题的哲学家，比如研究语言哲学、心灵哲学、形而上学和逻辑学等领域的问题的哲学家。

你能想象数学荣誉学位考试的通过者与优胜者吗？数学意味着聪明透顶，如果你想在英格兰找到最聪明的人，那什么人可以比得上剑桥大学数学专业最好的本科生呢？他们垄断了排名榜中的第一、二、三……名。弗朗西斯·高尔顿（Francis Galton）本来一心想成为数学荣誉学位考试的通过者，但最后失败了。后来他跑到非洲去探险，不过仍然与数学有关。

这一点可以在他所做的关于英格兰猎犬与非洲西南部落的人们的数学能力的比较研究中看到，该比较研究对后者有诸多不利之处（Chitty， 22
2007，p.31）。当他回到英国之后，他创立了"优生学"（the discipline of eugenics），开始了他的研究，这一研究的成果便是他的经典著作《遗传天赋论》（*Hereditary Genius*）（Galton，1978）。这本书声称，我们中间那些最聪明的人的智力来自家族遗传。值得注意的是，这个结论所基于的研究样本正是剑桥大学数学荣誉学位考试的通过者。

高尔顿本人是一个著名的贵格会教徒（而非基督徒）的传人，他阐述了另一个世俗或者半世俗的信条。我想到上文中提到的当人进入永恒世界时就会失去个性，彼时人的意识开始与神圣的世界融合的观点。高尔顿相信达尔文版的说法。在《遗传天赋论》一书的末尾，他写道：

> 将人类和所有其他动物放在超出我们的生活界限的无边无际的宇宙中来看的话，他（它）们是活跃的劳动者和积极的分享者。……他（它）们或多或少在不知不觉中将自己的优良品质传递下去，使得后代的生活样态达到更加高级的水平。我不打算说一个难以理解的隐喻，我认为这种现象和以下情况有点像：越复杂的动物，其细胞中所携带的遗传特质就越优秀。（Galton，1978，p. 376）

这个观点削弱了我们对人类个性的尊重，其与穆勒的自由主义有很显著的差异，也没给个人幸福留下多少空间（而不是一个更大的实体的繁荣兴旺，对于后者而言，每个个体都是它的一个组成部分）。19 世纪晚期和 20 世纪早期的一个思想主题是以不同的形式降低个体的地位。你可以在优生学家那里发现这一点，也可以在希特勒（Hitler）那里发现这一点，还可以从黑格尔思想的继承者、马克思主义者和哲学理想主义者那里发现这一点。一方面是人的本性，另一方面则是阶级或国家。我们可能不再支持基督教中的上帝，但是它作为一个使我们连成一体的存在，使我们意识到我们真正的本性依然存在。

今天，在基督教的影子越来越黯淡的时代，人们对于同一性的幻想，至少从目前来看，基本上没有多少热情了。我们把个体的独立存在看得更加重要，这也是现在的人对于在日益世俗化的框架之中怎样生活得更好抱有如此浓厚的兴趣的一个原因。

2

我已经提过，我们头脑中关于繁荣兴旺的生活的各种观念彼此之间纠缠不清，其源头可追溯至更加宗教化的时代。

· 我们对于“快乐主义”的生活理想的态度很矛盾，我们不知道自己动物性本能的一面是否应该被超越，抑或应该被庆祝。 23

· 我们过度赞美进行抽象思考的思想家们，比如爱因斯坦（Einstein）和霍金（Hawking），贬低理发师、煤气工程师和“软”课程。

· 我们强烈要求使我们的个性沉浸在一个比我们自身更加重要的存在之中。

现在让我们转到另一个话题。英国当代著名诗人菲利普·拉金（Philip Larkin）不想让那些讨厌的工作占据自己的生活。与之相反，英国前首相玛格丽特·撒切尔（Margaret Thatcher）则总觉得工作时间不够用。“她每天如果工作时间不满 19 个小时就不会停下来，”她的一位朋友说道，“她生活中除了工作再无其他。她不能停下来，她也不知道除了工作还能做点别的什么事情。她每天早晨 6 点开始工作，直到深夜才休息。”（Paul Vallely, *The Independent*, 27 May 1995）

在繁荣兴旺的生活中，工作到底占多大的比重？第二次世界大战时，米特福德（Mitford）家的 6 位贵族小姐中不止一人被吓坏了。可爱的阿道芙（Adolf）之所以不再当享受闲暇时光的“喝茶党”，一方面是因为她被人取笑了，另一方面是因为战时服务条例把她和与她情况类似的人的生活彻底打乱了。她们被迫去食堂和书店劳动，由于极度缺乏仆人，她们不得不自己料理家务。

南希（Nancy）在 1944 年 5 月写给杰西卡（Jessica）[南希称其为苏珊（Susan）] 的信中说道：

> 苏珊，你难道没觉得那些工作实在是令人烦透了吗？我是多么向往那种可以躺在床上看着天花板直到午饭时间才起床的快乐时光！我觉得除非我连续在床上躺 3 个月，否则我不可能缓过劲来。然而这要等到哪一天呢？（Mosley，2007，p. 200）

当米特福德家的女孩们还是贵族小姐的时候，撒切尔夫人还是一个杂货商的女儿，她的父亲是卫斯理循道会（Wesleyan Methodist）的成员。在两三个世纪以前，对于这些人和其他不信奉英国国教的人来说，工作从来不是令人厌烦的东西。作为宗教层面或道德层面的义务，人们心甘情愿去做事。除此之外，工作也能让人觉得充实。个体只有坚持不懈地努力工作，并且刻意地蔑视那种基于身体本能的存在方式，才是在服务上帝，并取得事业上的成功。也只有这样，个体才能在上帝决定其到底是得到祝福还是受到诅咒的“评判”降临时，站在一个更好的位置。

今天我们如何看待工作？对于我们大多数人而言，工作是必要的，就像工作之于清教徒及其追随者的意义，但它不再是上帝所强加的义务。

这让我们思考工作在幸福生活中所发挥的作用。对于我们大多数人来说，工作是一项基本需求。我将在第 4 章就一般意义上的“基本需求”再多说几句。但是，在生活中，友谊、酗酒、阅读小说、在玻利维亚（Bolivia）徒步旅行、玩电脑游戏、从事园艺、炫耀自己的文身、对文学的爱好等基本需求一旦得到满足之后人们又会怎么样呢？能否声称这些就是充实的生活的构成要素？工作能跻身在这些要素之中吗？恐怕还不能
24 这么说。在条件恶劣的威尔士板岩矿里工作是一回事，而作为一个备受尊敬的肖像画家去工作又是另一回事。像撒切尔夫人那样惜时如金的“工作狂”，情况会是怎样的呢？

我在第 9 章还会回到这个问题上来。我一直在谈论我们的宗教遗产，尤其是不信奉英国国教的那群人的传统。对于早期虔诚的宗教徒来说，坚持不懈地努力工作是一种正常生活的特性——事实上，也是核心特性。如今，它也在主宰着我们的生活。但是，当信奉宗教的人坚信工作是美好生活的构成要素时，我们却对此感到更加困惑。

这部分是因为上文已论述过的"美好生活"这个术语的模糊性。当上了年纪的宗教徒谈论美好生活的时候，他们指的是道德至善的生活，也即一个人在服从上帝的旨意的状态中度过自己的一生。根据这个定义，工作对他们来说毫无疑问是美好生活的一部分，而对于它到底是不是个人充实的生活——另一种意义上的"美好生活"——的一个特征，则不是他们会去问的一个问题。

教育领域的议题

自 2007 年以来，英国国家课程政策按首字母顺序列出了英格兰和威尔士的学校应开设的学科。在那之前，学校的学科是这样排列的：

> 英语、数学、科学、设计和技术、信息和通信技术、历史、地理、现代外语、艺术和设计、音乐、体育、公民教育、个人、社会和健康教育。

尽管学科列表发生了变化，旧的学科排序还是保留了下来。英语、数学以及科学仍然是考试中的"核心"学科。除此之外就是地位大致相当的历史、地理以及外语等学科。国家课程的政策走向仍然是从更加核心、更加抽象的学科逐渐延伸到那些在许多人看来更加边缘和次要的学科。

从个人充实的生活这个视角来看，奇怪的是，那些与艺术以及我们的私人生活和社会生活相关的学科，几乎都在这个列表的底部。在我们的日常生活中，并非我们所有人都需要代数知识、几何知识，都需要懂得化学方程式及中世纪的历史，但是我们每个人都有私人生活、社会生活和公民生活。只有极少数成人能把数学作为其充实感的来源，而欣赏艺术则是多数人可以做到的事情。

文化史给了我们启发。众所周知，清教徒的信仰在过去 4 个世纪里在英国的社会生活中扮演了重要的角色，正如它们在美洲所表现出来的那样。马修 · 阿诺德（Matthew Arnold）在他的《文化与无政府状态》（*Culture and Anarchy*）一书中对不信奉英国国教的人狭窄的心胸予以了嘲讽，一个多世纪以后，当撒切尔夫人呼吁重新重视“维多利亚时代的价值观”时，我们仿佛可以听到阿诺德的嘲讽微弱的回音。

25 今天的国家课程有其历史传统，我们可以看到人们认为艺术的价值较低，而更重视理论知识的学习。人们认为知识越抽象越好，至于为什么如此，他们给过一些似是而非的理由。有趣的是，抽象的东西能让人的内心产生成就感。

激进的新教传统没有时间去理会由思想家扬 · 夸美纽斯（Jan Comenius）倡导的、在 17 世纪以前已经成为一种规范的重视经典的教育。夸美纽斯认为学校和学术工作旨在让年轻人不仅为世俗的成功做准备，也为他们永恒的生命（即纯粹的智性生命）做准备。从人这种生物以全知全能的上帝为模版而被创造出来的那刻起，其就有了一项职责，即尽可能地多学知识以加深自身对神创世界的理解。

在学生所学的学科中，像逻辑学、数学和物理学这些最抽象的学科拥有一种特殊的地位，它们的抽象性是其吸引力的一部分。一个人要摆脱尘世的东西以获得永恒的生命，因此，艺术之类能给人带来感官的快乐和情绪方面的微妙变化或者其他任何有赖于身体器官的东西是没有什么用处的。纯粹的逻辑思维就不同了，数学作为新物理学的基础，其存在方式是脱离一切经验的约束，它最符合理性灵魂的要求。几个世纪后，教育家弗雷德·克拉克（Fred Clarke）（1923，p. 2）仍写出这样的句子："教给小约翰竖式除法的终极理由是他有一个不朽的灵魂。"

只是为了知识本身而获取知识，尤其是抽象知识，在充实的生活中长期占据着特权地位。最初，这种生活是天堂中的生活，但我们在更加世俗化的世界和教育体制中仍然能听到它的回声。我们过度赞美那些被称为"英国的头脑"的聪明人，甚至也过度赞美一个智商为 160 的名叫门萨（Mensa）的婴儿，她可以用拍手的方式理解数字序列。在教育的地位之梯上，我们认为理论知识比实践知识高出好几个等级，在公开考试中，我们重视学生对文学作品中的情节和人物性格等方面的知识的掌握情况，而不太重视考察文学作品对学生的审美和情感方面产生的影响。我们仍然用胜利的玫瑰来奖励"精神生活"，而将我们之中大多数人所过的更加实际的生活视为平庸的生活。

新教遗产还包括对尽职尽责地努力工作的热爱。在英国社会中，一般来说现在人们在这方面的表现不及维多利亚时代的中产阶级那样明显，然而它仍然是英国学生的主要美德。学校，尤其是中学，是新教的工作伦理为数不多的主要据点。英国的教师们所做的可能没有达到约翰·卫斯理（John Wesley）在 1749 年所达到的程度 [卫斯理曾在新成立的金斯伍德学校（Kingswood School）的学校会议上说："我们不允许学生在任何一天有任何一点玩耍的时间"]，并且他们也不太会沿袭卫斯理为 6 岁以上的学生设置的一系列课程：阅读、写作、算术、英语、法语、拉丁语、希腊语、希伯来语、历史、地理、编年史、修辞学、逻辑、伦理学、几何、代数、物理、音乐等。（Wesley，1749，p. 2）但是，后者留给我们的"要坚持不懈地勤奋学习"的精神遗产是很明显的。

如果我们希望学校能够做更多的工作来增进学生的幸福，那么是不是到了应该反思卫斯理的精神遗产的时候了？毕竟，勤奋并不一定是件好
事。它的质量可能很糟糕，就好比在希特勒等人的威权统治下的集中营 26
中的情况。出于自我选择（self-chosen）而非强制，工作才会是另外一番

景象。作家狄更斯和特罗洛普（Trollope）驱使自己勤奋地写作，他们这么做不是出于对外界的承诺。在很多事情上，我们都是以一种强迫的方式让学生努力学习，而站在学生的幸福的角度，这些对他们有什么帮助？如果他们所学习的很多东西已经让他们感觉到不快乐，还要让他们坚持下去吗？这样做有意义吗？

问题还不止这些。我们把孩子送到学校是去做功课（work）的还是去学习（learn）的？这两者之间有什么不同之处？是否学校所有的主题就是“学习，学习，再学习”？孩子们学习某些事物时可以不做相关功课吗？如果学校主要是学习之所，是否就意味着学校要为非功课的活动留出很多空间？我将在第 9 章再来讨论这些问题及其他问题。

从下一章开始，我不再谈宗教遗产，转而以一个独立的东西为基础，展开我关于幸福的论述。但是，在这样做之前，我还有最后一个想法。在我们现已跳出的宗教时代，个体自身的救赎最关键，因为这关乎一个人是去往天堂还是去往地狱，因此它比世界上其他任何事情都重要。在那个时代，要去做上帝召唤你去做的那些艰苦的工作，利用上帝给予你的天赋和才能，（因为）这些将引领你成就一番事业并且能证明你就是上帝所中意的“选民”。

这已经给我们身处的这个更加世俗化的时代投下了阴影。如今，我们也许不会敦促孩子们去辛辛苦苦地完成家庭作业和通过学校的考试，以便他们能获得救赎，但是我们仍然希望他们将来有份好工作，一生过得舒适。我们也许已经去除了“召唤”“天赋”“才能”这些词语中的神学内涵，但是我们仍然通过推行“天才项目”来识别和鉴定那些最有可能取得成功的人。

请记住，在宗教时代只有一部分人可以获得救赎。现在，我们也许不谈论“上帝的选民”了，但是我们仍然继续使用“精英”（elite）这个词。它包含着并非人人都可以是其中一员的相似含义。这种思维方式使得我们在组织学校工作时会戴上有色眼镜看学生。20 世纪的大多数时间，乃至于 21 世纪的今天，英国的教育政策一直在创造一种特权空间，来让那些要么父母超级有钱、要么自己拥有很高的智商、要么拥有某种特殊的天赋和才能或者学习非常刻苦的学生来接受看起来比别的学生更好的教育。

正如我们将会看到的，我们关于繁荣兴旺的生活的世俗图景，注定是跟“做得好”的“精英主义”的理念捆绑在一起的，而当我们希望每个人都能过上充实的生活时，问题就不可避免地产生了。

27

第 4 章　幸福与需求的满足

看来我们至少可以在一件事情上达成一致的意见。如果个人的充实在我们的生活中有其地位的话，那么我们所有人都必须尽可能满足那些基本需求。人要想活着，必须有氧气，这是一个不争的科学事实。人需要食物和饮料，这同样是不可否认的。关于对衣服和住所的需求则多少有点争议。世界上那些住在炎热地区的人外出时可以不穿衣服，但对我们其他人来说，我们要想生存下去，必须有衣服可穿，这又是一个客观真理。住所的问题也同样如此吗？也许我们中的很多人可以过着某种仅能糊口但没有住所的生活。如果只从能活下去的角度看基本需求，那么在排序上住所不如食物靠前。

但是，我要说的不是简单而原始的生存，而是在现代社会中过一种繁荣兴旺的生活。对此，我们的基本需求又是什么呢？住所立即通过了测试。我们需要什么级别的住所？是卧室兼起居室就够了？还是四个卧室的别墅才够？这是接下来要讨论的问题。但是，至少我们同意一个更普遍的观点，即我们需要有地方居住。其他方面也是如此。为了能过上繁荣兴旺的生活，我们都需要保证自己身体基本健康，否则我们就命悬一线。当然，我们需要多大程度的健康是可以讨论的。我们中间有些人想活到 90 岁，其他人宁愿活得短一些、快乐一些。我们大多数人都不想自己的肝或者肺坏掉，但是对于一些人来说，饮酒和吸烟带来的快乐可能值得他们拿自己的肝或者肺去冒险。

还有别的什么东西可以纳入基本需求的范围？收入显然要在其中。但是，收入达到多少才合适呢？我们可以凭着很微薄的收入过上一种繁荣兴旺的生活吗？或者我们需要巨额的可支配收入？良好的教育似乎是另一个明显的候选项。但是，对于良好的教育应该由什么组成这个问题，人们之间是存在巨大的争议的。此外，个人的自由包括言论自由和行为自由，这些也是现代民主社会不可或缺的基本要素。与收入和教育一样，当涉及个人自由更为细节的方面时，公众还是有不同的意见的。但是，有一点是没有引起什么争议的，即如果我们想要蓬勃发展，那么我们都需要个人自由及其他东西。

所有这些项目都在政府的管辖范围之内。政府不必亲自提供所有物品，但政府至少应该提供一个最低标准的监管框架。我们所讨论的“福利国家”并不是没有任何意义的。

运气也是一种基本需求。无论我们的生活是什么样态的，如果我们 28
要过繁荣兴旺的生活，那么我们都需要有一点好运气。飞机失事、自然灾难、无缘无故被袭击、身体健康亮起了“红灯”、股市崩盘等，都会给我们带来灭顶之灾。虽然政府及私人保险公司等机构可以通过福利政策来做一些弥补，但没有什么能确定无疑地消除坏运气。

如果我们所有的基本需求都得到了满足，那我们因此就过上充实的生活了吗？很难这样说。我可能很富裕，很健康，受过良好的教育，运气也不错，但我发现自己所做的工作很无聊，或者我发现自己处在一种使双方都感觉很压抑的关系中。我们需要超越这些基本需求来看问题。毕竟，它们只是蓬勃发展的必要条件，而什么才是蓬勃发展仍有待讨论。

让我们回到前面提到的关于这个话题的那些对立的观点。这里有一些有待讨论的问题。

1. 快乐。我上次去见我的理发师时，他说我似乎比平时显得更加闷闷不乐。他房间的电视机正在播放一部电视剧，剧中一位垂死的女士说：“我们所有人都会死，难道不是吗？享受自己的人生吧！你住在一个大房子里吗？卖掉它，换一个小点的房子，用卖房子得来的钱去度假，去住酒店，去享受你拥有的时光。”他如此固执地盯着我，使我感觉这段话是针对我说的，他认为自己一定要告诉我这则消息。但是，也许生活不该这样去过。

快乐在个人幸福中扮演什么角色？我们应该让我们的生活充满快乐吗？如果没有快乐，我们能够凑合着过下去吗？

2. 工作。当我离开理发店走回家的时候，我感觉到头皮有一种令人愉快的清凉，我边走边想理发师所说的那些充满快乐主义精神的话。其实这些话更多地反映了他自己的情况而不是我的情况，那些快乐的画面所反映的不正是他自己的梦想吗？当他躺在皮沙发上，边看着电视剧里那个垂死的女人边等候下一位顾客光临的时候，他的心是否已经飞到了巴巴多斯（Barbados），并幻想着自己在五星级酒店的游泳池旁喝着鸡尾酒？

对于我们大多数人来说，工作占据了我们大部分时间。我们短暂的、独一无二的“后达尔文主义”的世俗存在方式，有超过一半的时间都是被工作占据着的。工作对我们繁荣兴旺的生活有什么贡献？工作是我们做梦都想逃离的东西吗？或者，工作的作用只是让生活变得更加充实？

3. “晒幸福”。你不可能对一辆汽车上的牌照号码“POL1CY”[①]视而不见，这辆车就待在体育馆停车场里的最后一个空位上。“POL1CY”虽说不像“T1AMO”[②]那样有个性，但即便如此，你也不可能看不到它。

如果你有用不完的钱，为什么不炫耀呢？它能让人们看出你不是微不足道的小人物。告诉人们，从你的公寓可以看到河面上的风光，你的公寓还有带闸门的仓库这样的配置；告诉人们，你的公寓还配有游泳池、酒吧、电影院。或者，如果你的社会地位不怎么高，为什么不给所有你认识的人发送你在最近的游历过程中所拍下的 72 张照片呢？让人们羡慕你开心地坐在甲板上的椅子上、快乐地划着独木舟以及和海豚一起潜水等快乐

① “POL1CY”是英国的车牌号，像我国一样，英国的车牌号也是由字母和数字随机组成的。此处的车牌号中有数字“1”，整个车牌号形似“POLICY”，易于记忆。——译者注

② “T1AMO”也是英国的车牌号，整个车牌号形似“TIAMO”，在意大利语中是“我爱你”的意思。——译者注

的场景。

4. 儿童的看法。最近有一项针对 10 岁左右的儿童的调查，当问他们 29
“世界上最好的东西是什么”时，处在榜首的答案是“金钱和发财”，而通常儿童最喜欢的“出名”则排在第二。名声在幸福生活的构成要素中处于什么位置？

5. 我们如何知道幸福生活的构成要素？在某种情况下，一个人怎样才能发现幸福生活的构成要素是什么呢？有某种客观的标准来规定什么事物是，什么事物不是吗？正如我们所看到的那样，那些能满足人们基本需求的事物是没有问题的。我们都需要食物和饮料，这是客观事实。但是，一旦超出了基本需求，我们还有坚实的根据吗？我们可以说一个只想出名的小学生是走在错误的道路上吗？如果是这样，理由是什么？

或者像人们所说的那样，幸福很大程度上取决于个人？假设你最想实现的愿望是变得富有，或者是享受家庭生活，或者是经营一家自己的公司，或者是利用空闲时间上网“冲浪”及阅读波斯文学。还假设你也成功地做了你想做的事。这能够等于说你现在的生活是蓬勃的吗？幸福就是实现你最深层次的愿望且不论它们是何种愿望吗？即使你最想实现的愿望是成为有史以来排名第一的连环杀手？我们回到了我们之前简略提及的一个大问题上。我们的个人幸福是如何与道德义务相关联的呢？

教育领域的议题

上述 5 个话题展现了所有关于学生学习的问题，例如，他们应该对追求快乐的生活、名声、财富以及好工作抱有什么样的态度？既然我打算在后面几章中处理这些问题，所以在这里我将只集中讨论繁荣兴旺的生活的先决条件。无论最后我们对于幸福生活应呈现何种样态说些什么，这些条件都是先决条件。

传统上，学生的基本需求并不在学校教学计划的考虑范围之内。学校教学将学生从对学术问题的无知中拯救出来，并让他们掌握基本的技能，但是几乎没有给任何更加个人化的事项留下空间。我自己所接受的中学教育就是一个例子。唯一与基本需求有点联系的课程是体育。但是，我的体育课的课程内容是强制性的英式橄榄球、板球和健身活动，它们并不是作为增进我的个人幸福的计划的一部分存在的，而是与培养我的男子汉式的美德更相关。至于性教育，这在当时完全是一个要远离的“雷区”。若学校对一到两门课程做出适当的调整，教给学生这方面的可靠信息，可能就会把当时的我和其他一些人从多年的年少无知和内心动荡中拯救出来。

现在，事情有了进展。自从英格兰在 1988 年实施了非常传统的国家
30 课程，在学校课程中增加了越来越多的满足学生基本需求的教育内容，比如增加了健康教育方面的内容，包括毒品教育和性教育、调节人的情绪的教育，以及安全教育、保持饮食均衡的教育，此外还增加了理财等方面的内容。

从为了幸福的教育的视角来看，这些教育内容是受欢迎的。它们确实不是通常意义上的对某种正在形成且被感知到的“灾难”——少女中较高的怀孕率、青少年吸毒、黑帮和暴力、儿童肥胖等——的一种应激反应，也不是在早已繁多的学校课程上“再用强力胶粘上一点新内容”。我们最好后退一点，用一种慎重的态度来多维度地思考学校应该在满足学生的基本需求方面做些什么。

学校的作用与家庭的作用是有交叉之处的。在这个方面，如果我们确实认真地为学生的幸福着想，那么学校和家庭必须保持更紧密的合作。在教育语境中，基本需求被分为两类：新陈代谢和合理的饮食。这两者都和健康有关，然而，虽然家庭和越来越多的学校对合理的饮食给予了很多关注，做了很多的事，但是却把对前一类基本需求的关注置于他们的职责范围之外。

一方面，有些事物超出了学校的控制范围，像清新的空气、水、权

力、住所、警察、银行、政府。但是，另一方面，在有些事情上学校是可以发挥作用的，比如对身体欲望（例如食物、饮料、睡眠、运动、性方面的欲望）和情绪（例如恐惧、愤怒、快乐）的恰当调节，（让学生）远离和避免身体上的伤害（例如蛀牙、打架斗殴之类的身体攻击、不计后果的活动、酗酒和滥用其他药物）以及学习理财。

让我们重点讨论第二种情况。家庭和学校的任务是在所有这些领域中做出恰当的教育安排。这项工作涉及多个方面。以食欲为例，父母和教师必须培养孩子的饮食习惯，并不断强化，以便孩子在适当的场合以适当的方式来吃适当的食物。起初，这在很大程度上是行为训练问题。3 岁的芬坦（Fintan）学会了不要一直吃“科林”（Colin）牌的软糖，知道不能把他没吃完的烤土豆扔在桌子上，还知道要将用餐时间看作与他人愉快互动的机会。随着芬坦理解能力的发展，他能够更好地理解他的看护人教他这些事情的原因。随着学校也开始分担这种责任，芬坦能够适时地且更好地理解为什么有些食物比其他食物对健康更有益；他能够意识到由于他不适宜的行为和许多其他事情，他可能给其他人带来困扰。他学会在饮食方面保持适当的灵活性（比如，也许只有等派对开始，人都到齐了，这时吃饱吃好才是对的，在其他时间开动则不行）。经过无数次的训练，他渐渐领悟到生活中的规则，进而养成良好的饮食习惯。他有可能下意识地将外界要求他习得的、与上述情况类似的那些行为倾向在体育锻炼、情绪控制、安全防护等活动中体现出来。他开始意识到以上这些对他都是有好处的，并且也是他个人生活繁荣兴旺的必要元素。

上述第二类领域的所有活动的教养模式都是相同的，其目的是塑造儿 31
童良好的性情。父母和教师要帮助儿童成为某种类型的人。就学校而言，这就意味着学校要转变自身传统的知识传播者的角色。也因为如此，英国新任教育大臣迈克尔·戈夫（Michael Gove）表达过他的愤怒，他说：“在使学校成为试图治疗各种社会疾病和灌输各种可能有价值的美德的机构方面，我们正在失去对教育的核心目的和独特价值的洞察力。”

即使拒绝戈夫的立场也不是说要否认学校在知识传授这个领域所承担的责任。学校要对那些由父母启动的工作进一步予以深化和扩展，比如：学校通过教给孩子们医学和化学、社会研究和其他领域中的相关知识，提升他们对以下事物的理解能力——不同的食物、运动的效果、危险的东西、个人的预算等等。从教育的角度看，学校所传播的知识，只是教育的外在目的，因为知识只是培养学生良好性情的不可或缺的元素。

第一类基本需求涉及污水处理、交通运输和社会治安等事项，学校对这类事项是没有管辖权的。学校的任务有所不同，它是在父母所做的事情的基础上扩展孩子们对这些事情的理解，不是像现在这样把它们视作培养学生性情的一个部分，而是要把它们放在“让孩子们（也不仅是指孩子们自己）去过一种繁荣兴旺的生活需要怎样的必需品”这样一个更大的背景之中。与基本需求有关的教育扩展到我们所有人都需要的东西。合理的饮食、适宜的住所条件和良好的交通系统不仅对“我”重要，而且对我们所有的人都重要。虽然每个人去享受一种充实的生活的方式可能不同（如一个人更倾向于艺术，另一个人更倾向于极限运动或家庭活动），但是我们都有同样的基本需求。这几乎一点不令人惊讶，想想我们人类属于哪类动物和我们人类生活在哪种社会就会明白。围绕着基本需求的教育的一部分内容是让学生欣赏人与人之间的这种共性。从更加上位的哲学式的目的看，它触及“人是什么”这个问题，循此思路，其还触及“我们应该如何组织我们共同的生活”这个问题。

它还要求学生掌握大量知识，如医学、住所、政府、食品行业、国际药品交易、银行业务等方面的历史知识。戈夫先生和他因循守旧的同事不必担心，我所列出的上述“以人为中心”的养育清单根本不是对知识传播与教育极其反感，相反，它需要知识方面的教育。

上述讨论并没有覆盖所有的基本需求。以“自由”（freedom）为例，为了过一种繁荣兴旺的生活，至少在我们这类社会里，我们有权选择我们所参与的活动。我们没有被逼迫着、被强制着去做这些事情。这里，我根本不是说，学校的任何课程都不应该是强制性的，而是说，如果政府真正想着增进学生的幸福，其就应该坚持让学生能够自由地在许多活动中做出自己的选择。学校在这方面可以向家庭学习。父母和祖父母都知道让孩子们自由地参与能完全吸引他们的活动是多么重要，同时也知道尝试让孩子 32
们做他们不想做的事情，结果往往是适得其反。

此外，接受教育本身就是一项基本需求。学校不仅要提供这种服务以满足人们这项基本需求，而且，在更高层次上，学校可以而且应该鼓励人们去反思教育在幸福生活中的地位、反思人类的幸福还包含什么以及反思教育系统是如何变成现在这个样子的。

这些都是基本需求的教育的组成部分。我将在本书第二部分再次回到这个话题上来，把它作为更加概括性的关于“以幸福为主旨的教育”的一部分。

33

第 5 章　名声、财富和地位性商品

1

让我们回到上一章谈到的儿童。你会记得当有人问他们“什么是世界上最好的东西”时，出现频率最高的答案是“金钱和发财”，而过去最受追捧的“成名”则退居第二位。“上帝”排名第十，仅次于美食。

位居首位的“发财”和“成名”总是相随，并且它们不仅仅只存在于儿童的心中。接下来我会谈到“发财”这个话题，但我还是先聚焦于“成名”。

年幼的儿童将成名看得很重这一点并不令人惊讶，因为他们每天都通过电视接触这个问题。但是，他们持这样的观点真的是对的吗？

“成名”是幸福生活的一个必要条件吗？如果是这样，那就极大地减少了人们过上这种幸福生活的机会。或者说它仅仅只是使生活变得更好的一个要素？它只是一部分人所追求的幸福生活的附加条件，而非每个人的必需品？

那么“名声”到底意味着什么呢？它与在圈子中变得很有名气有关，这种圈子比私下的或面对面的交往圈子要大。在儿童给出的“谁是世界上最有名的人”这个问题的答案中，排在第二位的是曼联队（Man U.）的足球运动员韦恩·鲁尼（Wayne Rooney）。或许，鉴于他非凡的球技和全世界对曼联队的膜拜，鲁尼的排名一点也不令人惊讶。

鲁尼的排名比耶稣靠前（后者排第三）。至于所有人中最出名的，当然是上帝。尽管韦恩作为上帝的“儿子”，也还是被与之区隔开来。

名声不一定是世界范围内的。克里平医生（Dr. Crippen）在英国很有名，但是我想他在安哥拉（Angola）就默默无闻。维克·厄舍（Vic Usher）是 20 世纪 80 年代伦敦的巴尼特（Brent）市的议会的一位著名的政治家，以他的名字命名的“维克大街”让他变得不朽。“维克大街”听起来像 1945 年后的苏联大都市中的一条大道，但事实上它就位于高街附 34 近，那里有一家麦当劳餐厅，与之比邻的还有一个停车场。维克只是在他所居住的那个对政治敏感的区域非常出名，但出了那个地区，甚至在邻近的卡姆登（Camden）和恩菲尔德（Enfield），又有多少人曾经听说过他？

厄舍的事例也提醒我们，名声既受空间限制，又受时间限制。只要上帝规定的时限一到，个人能支配的金钱就会“自动清零”。而且，从时间限度上看，罗马皇帝卡利古拉（Caligula）和中国的成吉思汗都是名垂青史之人。与之相比，从长远来看，维克的那点小成就可谓不值一提。

儿童认为“成名”非常重要是对的吗？迈克尔·伯利（Michael Burleigh）在《第三帝国》（*The Third Reich*）（2000）一书的结尾处写道：

> 纳粹领导人争取下一代人的企图是非常明显的，他们在纳粹德国快要覆灭的最后几周里所做的事情类似于戏剧的排练，旨在使他们邪恶的所作所为能够在子孙后代身上重演。从 2000 年以来纳粹的影响无处不在来看，他们的这种努力显然很“成功”。（p. 788）

伯利继续描述戈培尔（Goebbels）所设想的百年之后的景象：“只要熬过我们正在经历的这个可怕的时代，之后的世界定会呈现进步的面貌。”几天之后，戈培尔还提醒希特勒：

> 最迟在 5 年之内，布尔什维克就会占领全欧洲，如果元首在柏林光荣死去，那么他就会变成一个传奇人物和国家社会主义的神话，因

> 为他会因他最后伟大的行动而被神圣化……（pp. 790–791）

是不是获得任何形式的名声（甚至是一个疯狂的刽子手获得的名声）都是一件好事呢？从上帝和韦恩的事例中，我们可以推测，儿童对名声的看法有更积极的一面。他们所珍视的名声很可能是对“因为做一些想做的事情或者成为那些想成为的人而名声大振”的简写。

这种定义意味着我们不仅要赞同克里平医生和卡利古拉皇帝的成名方式，也得容忍那些因为做了一些毫无意义的事而成为万众瞩目的人的成名方式。例如，一场橄榄球比赛中的裸奔者的唯一目的就是引起别人的关注。

很快，裸奔者便出现在那一天的电视或广播中的每一个新闻栏目上。第二天早晨，她“曼妙”的身姿便出现在每一份报纸上。就这件事本身而言，其难道不是一次成功的炒作？谁能说它一点也不得要领？［为什么过了这么多年以后我仍然清楚地记得她的名字叫埃丽卡（Erica）？这正好突显了她当初“成功”了，不是吗？］

把名声限定在想要的东西上似乎作用不大，谁能说出什么是想要的东西呢？对于你而言，可能是听大提琴演奏或者是养爱尔兰梗类犬；对于那个裸奔者而言，则是得到尽可能多的关注。一旦我们明白了这一点，那为什么不把作恶者比如纳粹领袖也归到名人的框架之内呢？

所有这些把我们带回到本书的主旨上来。到底什么是繁荣兴旺的生活？一旦基本需求得到满足后，什么样的经历有助于促进这种生活？什么
35 又适得其反？我们是不是赞同跟儿童一起玩耍，反对裸奔？如果是，理由是什么？

或者说个人幸福与实现个人的欲望有关？不论这些欲望是什么，甚至是向公众展示自己的身体？

这是一个难以回答的问题，我将回到这个话题上来。与此同时，看看那些大家所能接受的人们想做的事情，比如成为一位格外有天赋的球员，

一位重要的诗人，或者是脱氧核糖核酸的发现者。这些是好事吗？如果是好事，理由是什么？

通常来说，成为名人的好事往往落在那些并没有刻意追求名声的人身上。一位诗人连续不停地创作，她的整个注意力集中在自己的作品上，旨在使作品尽可能完美。后来她引起了大众的关注，成为那个时代领袖级的诗人，被到处谈论和报道。

10 岁的孩子们能做到把成为名人的梦想搁在一边不予考虑，而选择经受住在成为一位运动员、工程师或者演员前所需要的训练吗？从这个角度来看，如果名声在他们取得成功之后相伴而来，这肯定是好的；如果没有，也未尝不可。真正重要的是尽自己最大的努力投身于某项活动之中。

或者说孩子们会不会也因为渴望成名而努力表现得更好？如果是，有哪些好处呢？如果他们成功地实现了自己的愿望并且变得有名，那可能会使他们变得更加富裕。名声可以带来外在的报酬，但是那也会使名声可以被其他东西替代，比如来自一个有钱的叔叔的一大笔遗产。名声有什么内在的好处吗？名声本身又是多么令人向往呢？

生活就是时间的不断延展。我们生活得怎么样与我们怎样度过人生中的每一分钟、每一小时及每一天有关。比如，孩子们正在努力接受训练以成为运动员或者演员。你问他们："假如你成了名人，又该怎样有声有色地打发自己的时间呢？"他们会用大量的时间来设想在他们成为名人之后事情将会变成什么样子。他们沉迷于别人怎么看他们或者对他们有什么样的感受，沉迷于怎样回应所有的阿谀奉承。

从那些已经出名的人身上倒是不难发现类似的事情。他们中的许多人仍然渴望名声，希望维持或扩大自己已有的名气，这又会怎样影响他们对于时间的支配呢？这就有可能引发更多的思考——不但要把事情说清楚，而且涉及各种其他的梦想、同情和好奇。他们把自己的一切置于昨晚观看他们慈善演出的电视机前的观众们的眼中，间接地感受观众们的崇拜和羡慕。他们认为如果他们的父母还继续活着的话，将会为他们感到骄傲。

花在追求和享受名声上的时间等同于参加这类活动的时间。这些活动到底有多值得参加呢？如果人们认为合价值性与享受有关，那么这种想法当然会令人快乐。但是，有价值的活动并不总是和享受有关。一个名人能被一则尖刻的评论或者一张照片激怒。名声可以带来快乐，也可以带来痛苦，并且这种所谓的快乐和痛苦不仅仅是个人想象的结果。想象一下求助信和狗仔队给名人所带去的痛苦。

36 如果你所想要的只是当你成为中心人物时能够在众人面前树立一个良好的形象，那么你完全可以通过平常的白日梦来实现，因为它们没必要与名望相关。所以，除了前面这些令人愉快的想法之外，肯定还有一些更好的想成名的理由。它肯定与一些特定的快乐有关，这种快乐来自你认为很多人都在羡慕你。

但是，为什么这些就是有价值的和令人愉快的？假如你被欺骗了又会怎么样呢？你以为有很多人喜欢你，但实际上大多数人都讨厌你。你以为他们都很羡慕你，但实际上他们认为你很可怜。你认为你所感受到的这些快乐值得拥有吗？

那么，人们有想成名的想法是否明智呢？如果他们成功了，他们或许会得到外在的回报，因为名声可以带来金钱、权力和随之而来的其他东西。这些回报与他们的幸福之间到底存在什么关系，则是一个更深层次的问题。在下一节中我会回到这个问题上来。鉴于前面描述的各种疑问，(可以说）对于名声会带来什么内在的好处，我们根本就没弄清楚。这些内在的好处到底是什么呢？

即使名声会带来内在的好处，人们又有多大的可能性获得这些好处呢？鉴于只有极少数的人能成为名人，那么对任何一个人来说，其成功的机会都很渺茫。我很好奇，那些流浪艺人站在舞台上面对着挥舞着手臂的众人，一次又一次从自己身上取下吉他时，他们到底在期待什么？

2

目前比名声更好的就是金钱和发财了，至少 10 岁的孩子们是这么认为的。对于他们来说，金钱就是世界上最好的东西。

他们这个想法是对的吗？如果我们正在谈论的是基本的生存需求，那么收入很明显是其中一项基本需求。仅仅使人能活下来或者使人能勉强活下来的收入都是不够的，应当有足够的收入使人能够蓬勃发展。

但是，参加调查的孩子们对基本的生活用品没有兴趣，他们对世界上最好的东西感兴趣。发财与这些最好的东西有多大差距？我们不知道孩子们是否把它作为最终目标。如果发财本身就是最终目标，而不是因为钱能买商品，能让人心生羡慕，抑或它有其他一些外在的好处而被珍视的话，那么我们就很难理解发财为什么那么令人梦寐以求。

今天我沿着伦敦西部的一条街步行，经过一家大商店的橱窗。透过橱窗，我看见几位女士相互挨着坐下，在一个养满小跳鱼的玻璃水箱中晃动着她们的脚。这种足部鱼疗半小时的价格相当于那些住在伦敦东部而非西部的人一天的收入。

人们经常想要一笔巨大的财富，这笔财富能购买的东西在一定程度上象征着优越的社会地位。他们之所以想要这样的东西是因为很少有人能够拥有它们，它们就是弗雷德·赫希（Fred Hirsch，1977）所说的“地位性商品”。

这段日子以来法国的戛纳（Cannes）极为喧闹，有人说是因为直升机总是沿着私人路线飞行。比超级富豪要“逊很多”的一般水平的富人们则 37
相互嘲讽各自的停车位是否靠前，或者相互鄙视各自在丽兹酒店时所吃的“寒酸的”午餐。其他人也想努力去获取这些我们开玩笑说仅有少数人才能拥有的东西，正如我们会去买经名人“吹捧”过的汽车保险一样。如果你想进入管理层，那么管理岗就是一种“地位性商品”，因为这种岗位能使你脱颖而出。学术成就也是如此。正如一位年纪较大的学生根据“红旗”词牌所写的歌词中所表达的那样：“劳工阶级可以亲吻我的脚趾头了，因为我终于获得了哲学博士学位。”

一件“地位性商品”到底有多大价值？我的意思是把它当作一件“地位性商品”——记住，你跑到南非去过寒假，既可能是出于你的兴趣，也可能是因为它是一种身份与地位的标志。对于你来说，仅仅因为你非常想要它并且你现在拥有了它，那它就对你有好处吗？

答案或许并不清楚。假设你拥有一幅价值1800万英镑的毕加索的名画，但是它的美学价值对你来说没有任何意义。你拥有它的好处只是在于以下想法令你愉快吗？即当你把它借给大都会博物馆展出时，成千上万的参观者能看到借出者的名字。如果他们认为你是一个妄自尊大的门外汉或者根本不关注借出者的名字时，这些对你来说真的就没有什么关系吗？你只需要让自己沉浸在那些令你愉快的想法中，真相重要吗？

一种“地位性商品”对于你来说有什么价值是很难用其他东西来评估的。你可能希望别人觉得自己不如你，因为他们买不起个性化的车牌号，也支付不起私立学校所需要的费用。即使你让自己的孩子去私立学校上学的原因是私立学校对你的孩子的发展更加有利，而且你对于其他人的遭遇并没有一丝一毫幸灾乐祸的心理，但是这也很可能是以牺牲别人的幸福为代价的。投入在积攒“地位性商品”比如财富或其他依赖财富而存在的物品上的精力越多，那么稀缺物品就越有可能被少数人占有，留给其他人的只有很小的一部分。并不是这些东西都值得拥有，比如吸引眼球的车牌号，但收入、健康和接受教育是每个人的基本需求。如果金钱、优质的医疗和教育只是被少数人享有，那么大多数人都会以失败告终。

不管你是否有意，渴求财富和其他作为“地位性商品”的东西都很难与对其他人产生有害影响完全分离开来。如果这会对个人幸福产生影响的话，其会产生什么影响呢？

如果我知道我所追求的目标可能会让别人的处境变得更糟，那么我的幸福感还会增强吗？还是说这意味着我必须关注他人的利益？

这是我现在难以处理的另外一个大问题。我会在第 9 章，也就是当我探讨个人幸福和道德规范的关系时再来谈论这个话题。

接下来是关于“地位性商品”的最后一点评论。到目前为止提到的只是个人所追求或拥有的东西。但是，它们也可以属于更大的团体，比如足球队或者国家。如果曼联队赢得了足球比赛的奖杯，其他球队则不能。在2010 年“世界杯”刚开始时，伦敦街头到处飘扬着英国国旗。政客们希望英国的顶级大学也跻身于世界一流大学之列。

我们更应该经常问自己的一个问题是：像这种对于更大集体的认同感 38
能够在多大程度上帮助个人过得更加充实呢？由媒体等带来的这种认同感的增强，是不是意味着媒体在有意地或者无意地把人们的注意力从更多特定的近在咫尺的幸福来源转移到别的地方？

教育领域的议题

在上一章，我呼吁大家对基本需求方面的教育要持多种视角。从更哲学化的目标来说，我希望孩子们能够获得一幅更加聚焦于满足人类生活中基本需求的图景。正如我之前说的，“宏大观念”已经成为课程规划者的流行语——他们希望学习者能够“既见森林也见树木”。第 2 章建议在“是否存在上帝”这个问题上做更多的工作。那是一片面积相当大的“问题丛林”。基本需求则是另外一种类型的问题。

孩子们也必须弄清楚在先决条件前面的东西是什么，以理解这些先决条件到底是为了什么。这是接下来众多章节探讨这个问题要迈出的第一步。

什么是繁荣兴旺的生活？在我们的文化中，强大的力量把名望和财富推向顶峰。正如我们看到的一样，小学生们很快就获取了这种信息。这并不令人惊讶。在我小的时候，电视机还没有出现，收音机是获取浮华、魅力、精彩的才艺展示、体育方面的英雄崇拜，以及加勒比海大厦的采访等信息的媒介。现在，通过电视机、杂志、互联网及其他媒体的传播，我们无法避开这些信息。另外，这些媒体在传播这种观念，即生活中美好的东西是充满竞争性的，它们只是为极少数才华横溢、面容姣好或者钱财万贯的人准备的。这一章已经开始挑战这种观念，本书第一部分的其他章节将对它提出更多的质疑。

如果我们希望孩子们对美好生活的理解更加辩证，我们需要采取更多的措施来防止他们每天被这种“文化海啸”一再吞没。但是，我们又应该做些什么呢？或许我们应该限制新闻自由和媒体以家长作风干预自主的成人所做的选择对儿童的影响。父母能做的事情有时更多，他们可以禁止自己的孩子过多地接触《英国达人秀》（*Britain's Got Talent*）节目或《热度》（*Heat*）杂志；或者是参与孩子对像前面章节里提出的伦理问题的讨论，也可以和孩子一起讨论狂热的名人崇拜背后的商业背景。

有一个常见的问题是，假如做父母的人自己都陷入了这种狂热的崇拜，该怎么办？如果是这样，那是否意味着做父母的人自己也需要接受更多的教育？是否可以部分地通过引发这些问题的媒体来实施这种教育呢？

学校能做什么呢？由崇尚名声和财富的文化观所引发的问题很适合放到课堂上讨论。由名望和财富带来的这种充满竞争的生活方式到底有多大吸引力？你会甘心只是默默无闻地度过你的一生吗？因此，对崇尚名望的跟风式抨击是否被过分渲染了呢？在你的生活中，你曾经遇到过什么样的“地位性商品”的例子？人们的生活又会因为支持国内和国际比赛中的某
39 支球队或认同别的更大的集体而变得更好吗？

上述这类问题以及本章的第一节所讨论的问题，不仅可以组织学生们讨论，还可以让学生们围绕这些问题设计有想象力的项目或进行角色扮演。在中学的英语学科中开设的两门新课程——“个人幸福”与“经济福

祉和理财能力”里，追求名望和财富并没有什么特别之处，尽管前者确实规定学生应该对自己和别人的价值观进行批判性思考。这就给教师们留下足够大的余地去处理这类问题，特别是本书所有的“教育领域的议题”。

或许可以通过学校在其认可和关注的领域里所做的工作来切入对名声问题的讨论。在这两者之中，“关注”是一个更为宽泛的概念。举例来说，教师在对黑兹尔（Hazel）给出的好答案和提供的帮助表示认可的同时，教师也在关注黑兹尔。但是，在另外一种情况下，认可和关注也可能是分开的，当教师在平息教室后面的骚动时，他在关注这种骚动吗？肯定如此。那教师会认可它吗？绝对不可能。

教师们有各式各样的方法去应对那些寻求关注和认可的人。即使黑兹尔并未刻意想要获得认可，认可仍然很重要。教师们以无数微妙的方式表明他们如何重视孩子们，包括孩子们的言行，以及他们如何希望孩子们在学校里给予他人认可。而这又依赖于使孩子们更清楚地认识到在文明生活里这种相互认可的重要性。在上一节中我讨论了一些基本的先决条件，在这里再重复一下也是有用的，即如果一个人无论说什么、做什么，甚至是他作为一个生命存在，都总是被忽视或者被贬损，那他又该如何使自己的生活变得繁荣兴旺呢？

对于名声（排除那种恶名）的渴求，连同名人崇拜一起，会使人极度渴望在更大范围内得到关注和认可。教师们可以联系孩子们的日常活动与经验来创设那些使孩子们觉得自己受到大量关注与认可的教学形式。这包括孩子追求认可的经验——当乔伊希望走进教室的参观者赞美她画的一幅画时，她对这种认可的追求无可厚非。但是，我对于极度贫困者是否也热衷于获得关注与认可则是存疑的。对名声的更极端的追求又会到什么程度呢？

另外一个相关的讨论主题与成功有关。学生们认为人最终要成为人生赢家而不是失败者的想法有多重要呢？学生们所在的学校有没有通过安排教室中的座位和给予那些在公开考试中考得好的学生认可的方式来强化这种胜负二分法？在这样的背景下，学生们又该如何设想胜利和失败呢？
如果一个人真的获得了一份待遇优厚的工作并且享受着与高收入伴随的生
活，那他就是人生赢家吗？如果有人最终成功了，那么这意味着其他人只
能是失败者吗？排除坏运气，让我们想象这样一个社会：即使整个社会中
40 几乎没有人能住得起豪宅，也没有人有花不完的钱，但是每个人在关系的
建立、维护以及在他们全心全意地投入的每一项工作和非工作性质的活动方
面都是成功的。

英国文化委员会有一些成功和名声方面的非常有用的材料，其中包括一份教案和工作表，你可以通过搜索一个网址（http: //www.teachingenglish.org.uk/try/lesson-plans/success-fame）进行查看。它是为那些面对以英语为第二语言的高年级学生的教师们设计的，但是其也适用于中学生。为九年级学生特意设计的关于“媒体和自我形象”的双语课程也可以在一个网址（http: //www.becal.net/lc/re_pshe_ce/citizenship/yr9media.htm）对应的网页上找到，它也关注成功、失败和名望。

第 6 章　快乐的生活

41

1

我意识到我应该把难题放到面前，尤其是下面三个问题：

（a）快乐主义者认为，幸福就其字面意义来说，就是只有令人愉快的经历而没有令人痛苦的经历；

（b）“欲望－满足论”提出，一个人的生活是否繁荣兴旺取决于其在多大程度上能成功地满足自己的欲望；

（c）幸福和道德规范之间的关系。

我会在第 7 章讨论第二个问题，在第 10 章讨论第三个问题。但是，首先我要接着第 3 章中论述过的关于宗教遗产的话题，说一说与快乐有关的事情。在过去的两个世纪中，许多基督徒已经完全改变了自己的信仰。所谓“灵魂可以在天堂里获得幸福”现在已被大家看作假象，只有一样是真的，那就是享受今生的生活。

享受今生的生活意味着什么？我们人类是动物，与其他哺乳动物有着很多相似的特征。对于一只家猫来说，什么样的生活是美好的？对于我养的公猫宙斯（Zeus）来说，它所过的幸福生活又是什么样的？它很健康，又被按时喂食，它自由地穿梭于屋子和花园之间的各个猫洞，观看隐藏在花丛中的画眉鸟，在阳光下睡觉。

我们自己的幸福也根植于我们的生物学特征。作为有文化的生物，我们比宠物享受着更加复杂而精致的快乐。我们不仅要有住所，还要精心布置和装饰它；我们不只是简单地吃东西，还喜欢烹饪和尝试新的美食。我们用自己的视觉和听觉，再加上我们的自我意识，创造了各种各样的审美乐趣。然而我们与生俱来的好奇心，随着文化的变化不断发展，使我们形成了复杂的理解形式。我们可以在各种快乐中做出选择，对它们进行规划，并且凭借记忆再次回味它们。在这样一个科技发达的社会，我们已经学会了怎样最大化地减少那些过去不断损害人类幸福的种种身体上的折磨，比如饥饿、寒冷和疾病带给人的痛苦。

42 这是一种有吸引力的思考方式。美好生活的世俗观点在 18 世纪晚期开始出现并不让人觉得惊讶。第一个并且是最具有影响力的观点，也就是边沁的观点，明显位列其中。边沁告诉我们，幸福的生活就是尽可能多地拥有快乐的体验和尽可能避免痛苦的体验。

边沁和功利主义的追随者认为，他们已经将宗教世界抛在身后，这一点并不令人惊讶。如果说基督徒将世俗的快乐生活视为谎言而予以拒绝的话，功利主义者则主张它就是现实本身应有的常态。他们也从宗教中汲取道德主义的合理要素，坚持认为人不只是为自己而活，人还要履行自己的道德义务。功利主义者的最高道德准则就是尽量实现最大多数人的最大快乐。这条原则已不再是基于神的旨意，它完全是世俗化的。然而，如果一个人据此生活，这条原则也可能变得跟宗教的道德规范一样枯燥。毕竟，个人的快乐对于整个世界来说微乎其微。如果每个人的利益都同等重要，那么个人的快乐也就不可能那么有价值了。

边沁把幸福视为快乐的体验，并且认为人们有责任去促成最大的快乐，这种观点过去几年在英国迅速成为主流。这是因为这种观点已经被所谓的“快乐沙皇”——经济学家莱亚德——采纳，而且他几乎没有改动它们。作为工党的一员，莱亚德从 2000 年开始就同时根据布莱尔和布朗政府的决策来构造自己的快乐议程。在他的《快乐》（Layard，2005）一书中，莱亚德告诉我们：

> 快乐就是觉得良好，悲伤就是觉得不好。我们每时每刻的感受就介于觉得好极了和觉得半死不活之间。现在，我们可以通过询问人们的感受或者监控他们的大脑来测量这种感受。（p. 6）

莱亚德表示，如果使用这种测量值来评估英国人和美国人的快乐指数的话，那么就会像我们在第 1 章看到的那样，在过去的 50 年里，虽然我们的收入大大增加了，但是我们并不比 1950 年更快乐。他迫使我们重新审视一个更好的社会是什么样子，他的结论是：

> 我们迫切需要“共同利益”（common good）这个概念。我认为没有比追求所有人的最大快乐更高贵的目标了，因为每一个人都很重要。这个目标使我们与我们的邻居处于平等地位。我们应当这样看自己，同时它也赋予我们自身的利益合适的比重。（p. 234）

我在第 10 章将再次回到这个道德信念上来，并据此审视根据道德要求所绘就的幸福图景。现在暂且让我们继续探讨“幸福”就其字面含义来 43
说能否被理解为“快乐的体验”。

这个建议确实有些吸引力。沮丧的时刻在增多，当然，大多数时候我们的心情都像充满香草味那般美好。我们总是以一种中性的、没什么快乐可言和略显焦虑的方式完成我们的任务。如果我们的精神能振奋起来，岂不是更好？我们都知道“百忧解”（Prozac）可以帮助治疗抑郁症，酒精和其他药物也能使我们变得快乐。我不是说要一周 7 天、每天 24 个小时都情绪高昂，我也赞同以下观点，即如果类似药物和酒精这样会让人上瘾的东西会对人的身体产生危害的话，那应该避免使用它们。但是，对于一些没有危害的东西，比如一种更容易改变人心情的药物，它可以使我们变得比平时更加开心，我们难道也应该避而远之吗？它难道不是对人类幸福的一大贡献吗？

在《美丽新世界》（*Brave New World*）一书中，阿道司·赫胥黎（Aldous Huxley）描述了这样一个社会：在这个社会中，当主流阶层的人感到心情低落时，他们便服用一种“欢乐丸”。但是，这种社会到底错在哪里呢？错在有人服用这种“欢乐丸”吗？还是错在社会中高一点的阶层对比自己低的阶层进行控制？

我们可以过滤掉政治方面的影响因素，设想在这样一个社会里，人们不是被强迫而是自愿保持好心情。如果我们不是那么容易滥用药物，我们也可以忘记服用药物并且想到其他能改善心情的东西。我最喜欢的一种东西是一种体验机器，这种机器我自己并没有尝试过，因为它跟赫胥黎的索玛（Soma）一样虚幻。这种体验机器可以直接插进你大脑的快感中心，让你体验到你需要的一些感受，即你在现实中躺在塞舌尔的海滩上、走进生机勃勃的森林，或者拥有一份令人惊讶的爱情时产生的感受。假设我们每天用这种机器体验几个小时的快乐，这难道不会有助于增进人类的幸福？

有人会说我们已经处在这样一个世界里了。客厅里的多频道电视机就是一台体验机器。如果加上我们拥有的“即刻的幸福诱导剂”和止痛药，比如酒精和必理通（Panadol）、资生堂和数字视频光盘等林林总总的东西，那我们不是已经走在通往世俗天堂的路上了吗？

2

我知道玩填字游戏是一种“可悲”的进入世俗天堂的方式，但是我喜欢玩这种游戏。我喜欢玩的填字游戏不是那种速度很快的填字游戏，也不是那种极其残忍的填字游戏，而是排序比较神秘的填字游戏。每当我找到破解游戏的线索时，我都会产生一种愉快的感觉。但是，大部分时候它就像一场战斗，战况的好坏取决于我能否摸准游戏设置者有意刁难玩家的心思，多半情况下，我都无法成功，并且倍感受挫。哲学家艾尔（A. J. Ayer）可能只需要在去英国伦敦大学学院的公交车上就能完成《电报》上的难题，但是我通常不得不放弃《卫报》上的难题。

就我个人零散的经验而言，玩填字游戏让我产生了很多消极的感觉，我很少体验到快乐。但是，我仍然很享受玩这个游戏的过程。

似乎要区分"享受"和"快乐的感觉"。对其他事情来说也是一样。比如你去参加一场哲学研讨会，坐在那里听一场晦涩难懂的论文报告，你必须既要努力弄懂论文的意思，同时也要找到它的薄弱点，这可远远不像观看《舞动奇迹》（*Strictly Come Dancing*）那样舒服、简单。把精力集中在听哲学论文报告上是非常痛苦的，但是你必须咬紧牙关。这也许可以解释为什么著名哲学家的照片总是看上去很严肃，眉头紧锁。这也许是之前我在喝茶室每次遇到我们研究所的一位领导，他都会说"哲学是怎样的行当呢？从事哲学研究就意味着快乐被不停地打断"这句话的原因 [这种说法源自约翰逊博士（Dr. Johnson）]。 44

话虽如此，然而哲学家们仍然很享受开研讨会的过程，享受写作的过程，享受阅读的过程，尽管做这些事情很费劲也很痛苦。如果你让他们少研究一些哲学问题，多去沙滩上尽情玩耍，你敢说后者就是更加充实的生活？

所有这一切都与边沁的观点有点针锋相对的意味，那就是享受不仅仅是由快乐的感觉所带来的。一名世界级马拉松运动员可以很享受她的比赛，尽管这种长距离跑步的比赛会给她的身体带来虚脱般的痛苦；一名审理一桩悲惨的多重谋杀案的法官也有可能很享受正义终于得到伸张的快乐。那些在照片里皱着眉头的哲学家其实大多数也过着非常幸福的生活。他们有足够的时间去做他们想做的事情，比如写作、阅读、评论、开会、教学和思考问题。如果你让他们在 40 岁时就退休并且答应再也不读柏拉图（Plato）的著作，应该没有什么能让他们感觉比这更悲惨的事情了。

快乐的或愉快的生活不一定是人们所理解的那种快乐的感觉。感觉是一个人自己体会到的，通常很短暂。当我们谈起那些绞尽脑汁去玩数独游戏的人、那些参加环法自行车大赛的人，或者那些喜欢帮助失魂落魄者克服恐惧感的人时，我们不是指他们可能拥有的愉快的经历（如果他们确实有的话），而是指他们正在进行一项他们确实很喜欢并且激发起其热情的活动。

这是否暗示着“何者构成了人类充实的生活”这一新的研究方向？我们是否应该关注问题的关键之处而不是消极地等待？我们是否应该将注意力放在构成人类生活的这些活动上，而不是放在那些孤立的经历上？

但是，边沁并不只是倡导愉快的感觉，他或许会欣然同意“活动”应该出现在故事中，比如和朋友们打高尔夫球，一起喝酒，在沙滩上扔飞盘。毫无疑问，人类是一种活跃的生物，就像汤姆猫一样。但是，使他们的生活有价值的，是他们愉快地推杆进球的经历，是再喝一品脱[1]酒带来的舒适感，是一个跑步者以创纪录的速度到达终点时的兴奋感。

我会让你来决定这样的答案是否充分。难道它就说明了我们从活动中所获得的感受其实是痛苦多于快乐吗？

假如你认为这样的答案并不充分，并且你倾向于认为比起愉快的感觉，幸福的生活与令人愉快的活动的关系更加紧密，那么我现在有一个问
45 题想问你：任何一种令人愉快的活动都包括在内吗？在德意志民主共和国时期，一个前国家安全局的调查人员在审讯室虐待嫌疑人时所获得的快感也包括在内吗？或者一个“瘾君子”日日夜夜沉迷于水果机，其获得的乐趣也包括在内吗？难道将一生中的这些满足加起来就意味着一种幸福的生活？

此刻请忘掉各种理论，只去想想你认识的那些人，他们的生活要么过得还不错，要么过得很糟糕。

劳拉（Laura）一直想成为一名医生。她去了医学院，后来在医院工

---

① 此处的一品脱是英制的，相当于 0.5683 升。——编者注

作了一段时间，现在是一家诊所的全科执业医生，她已经结婚并且打算生一个孩子。当八点半人们打她的诊所电话预约时，超过一半的人要求见她并将她作为给他们看病的第一人选。

特雷弗（Trevor）是一位在中学执教 20 年的物理教师，他曾经才华横溢且备受尊敬，但是后来他患上了严重的狂躁型抑郁症，因此他在四十几岁的时候不得不停止工作。他服用的药物使他大脑受损，并且毁掉了他之前令人钦佩的思维能力。他现在独自生活，由护工照顾他的日常生活。他喜欢看视频，尤其是根据简·奥斯丁（Jane Austen）的小说改编的电影，他看了一遍又一遍。他还花时间写东西，他认为自己在写一本关于科学的“新书”，而事实上他不过是在抄课本上的内容。他曾经有许多亲密的朋友，但是现在很少有人来探望他，即便有人来，也不是经常来。

劳拉过着一种充实的生活，特雷弗过去也是如此，但是后者现在大不如从前了。尽管我并不太了解他们的情绪状态，也不太知道他们的生活多么有趣，但是我对自己对他们的幸福状况的判断充满自信。为什么这么说呢？

这似乎与成功和得到你想要的东西有关。劳拉实现了她成为医生的愿望并且拥有一个幸福的家庭。特雷弗曾经也很幸运，他有过很多好朋友和一份有趣的工作。他仍然想成为对人们进行科学启蒙的人，尽管他认为自己取得了进展，但是实际上他被自己的疾病骗了。他仍然希望能够有更多的朋友来看望他，但实际上他们很少出现。

教育领域的议题

愉快的教育始于愉快的感觉，例如吃到美味的感觉，触摸、轻抚、拥抱、呵痒、沐浴以及活动四肢的感觉。幼儿不仅仅是当这种感觉产生的时候很享受这种感觉，而且他们会主动寻求这种感觉。他们要别人来抱他们，想着法儿地要求祖父母再给自己一块果酱饼干，一次又一次从一个长满青草的小山坡上滚下去。

孩子们对于感觉的寻求是其他事情的一部分，如消除饥饿和口渴，或者是进行社会互动，也可以是进行有趣的活动。有时候孩子的感觉是比较原子化的，没有跟别的事情联系在一起，比如孩子即使不饿也想要糖果。

46 父母和其他监护人帮助孩子建立合适的寻求感觉的方式，一定程度上与我在第 4 章中所讨论的基本需求的教育有关。在饮食方面，他们试图让孩子更加健康地生活；在情感教育方面，他们教育孩子不能把自己的快乐建立在别人的痛苦和悲伤的基础上。不过，有时候孩子为了寻求感觉还是会做一些并不恰当的事情：年轻人可能恃强凌弱，也可能变成对尼古丁、酒精和其他毒品上瘾的“瘾君子”。

父母和教师除了鼓励孩子养成良好的习惯之外还能做些什么呢？就我所想到的内容而言，他们还有很多工作要做。一些年轻人所谓的理想生活的愿景，充斥着对享受阳光浴、异国的美味、得到别人的赞赏与认可等事情的丰富想象。这可能与我在上一章中所讨论的名望和财富有关系，也可能与它们没有关系。媒体正制造着大量类似的美好事物来吸引人的眼球。教师和父母可以让孩子们讨论这种愿景的恰当性。这样一系列消极的快乐加起来就是一种令人满意的生活吗？如果我们只是想象自己在享受着这些东西，而在现实中并没有享受这些东西，又有多大关系呢？生活在电视、电影、录像和杂志里的虚拟世界中，在多大程度上可以说是件好事呢？

教师还可以使用文学、电影和其他艺术来鼓励孩子们参与对这种形式的快乐的讨论。目前并不缺乏可以引发讨论的可视化材料。正如我们所看到的一样，赫胥黎在《美丽新世界》中所描述的人们有意识地去追求的目标正是边沁及其思想的支持者所描述的那种非理想化的社会。在这种社会里，哪怕有一丝忧郁的气息也要通过服用“欢乐丸”来驱散它。它与我们服用抗抑郁药的年龄的相关性，可能要比（20 世纪）30 年代早期抗抑郁药首次出现时人们服用它时的年龄的相关性更大。

学生在自己没有其他生活经历的情况下，不会对这种奢侈的生活有太多的讨论。我在后面会进一步讨论这个话题。我们已经碰到了一个可能会令人困惑的问题，即一种愉快的生活不仅仅是一种充满愉快的感觉的生活。当我们愉快地与他人交谈时，我们不一定是在体验由喜悦或者甚至是更温和的感觉所带来的感动。在活动中要想获得更多的快乐就应该去尽情享受这种活动。即使如我们之前看到的那样，一项活动不一定像娱乐活动那样有趣，而可能是去完成一些棘手的理论性的或者实践性的任务。若教给学生正确的方式和给出适当的说明，大部分高年级学生应该能够领会到“感觉意义上的愉快”和“由活动本身带来的愉快”之间的不同。

从课堂讨论到更广泛的教育政策，其首要任务并不总是确保孩子们的校园时光是令人愉快的。从传统意义上说，学生的首要任务是获取知识。有多少学生会像我年轻时一样，只是以一种中立的态度去接受教师要求自己学习的知识，并且不假思索地相信学校肯定知道什么才是对学生有益的东西？

最近我偶然看到的一份材料又让我想起了这件事情，它是后来成为坎
特伯雷大主教的托马斯·塞克（Thomas Secker）所写的关于 18 世纪早期 47
英格兰西部的蒂克斯伯里（Tewkesbury）地区的学院情况的研究论文。在这篇论文中，塞克写道：“我竭尽全力平等地对待每一个主题，对它们一视同仁，而没有厚此薄彼。”（Bennett，1830，p. 224）

在塞克所在的学院里，学生们有一个充分的理由来采取这种态度。正如我在第 3 章所说的那样，获取知识是一种宗教义务。这并不意味着学习者要全心全意地投入某些知识的学习之中，而是说他们要尽可能地减少自己的无知。按照宗教的观点，无知是一种罪过，因而人们会尽力在各个领域获取知识。今天的学校很少持这种宗教观点，但是今天的学校可能仍然保留着早期社会那种单调的、毫无乐趣的氛围。

中学阶段每节课 50 分钟的制度早在塞克时期的学院就已经建立并为人所知，这可能并不是使每一节课都成为一段愉快的经历的可靠方式。训

练有素的教师总是设法找到一些激发学生兴趣的东西，但是对于很多学生来说，这可能也很难改变课堂枯燥的状况。我们当中那些勤奋的人也无法在这样的课堂上专心学习。尼克·吉布（Nick Gibb）这位新教育大臣在他的简历中对自己就读过的文法学校做出这样的评价："从好的方面来说，文法学校的教师们都很严格，每一门课的教师都很严格，就连音乐课的教师也一样，因为在这门课上教师是以上化学课的方式来教音乐的。"（*Education Guardian*, May 18, 2010）

那些不像塞克那样好学上进的学生可能并不热衷于学习。一些学生迫不及待地想下课和放学，一旦放了学，他们就会冲到大街上兴奋地大喊大叫。几年之后，他们可能就会像那些结束了一周枯燥无聊的工作之后的年轻男女一样，喝得酩酊大醉，然后躺在城市中心的大街上。

学校可以提供、有时也确实提供了一种完全不同的"文化"意义上的"学徒制"。就像前面一些章所揭示的那样，一种繁荣兴旺的人类生活应当是生活和工作中充满了各种令人愉快的和有价值的关系与活动。在像英国这样的国家里，我们应该想方设法把每个人都过上这样幸福的生活的梦想变成现实。2000 年以后，"幸福"议题在政治的议事日程中的地位日渐上升，且还有乐观的余地。在通往更加公平的社会的路途上，并且作为迈向公平社会的开始，我们要致力于让孩子们在学校的每一天都成为一段愉快的经历。

第 7 章　得到我们想要的东西 48

1

所有这些都表明，我们需要一个与愉快的感觉的解释有所不同的有关个人幸福的解释，这个解释与欲望的满足有关。你越是能够做自己想做的事，你越是能蓬勃发展；你失败的次数越多，你越是不能蓬勃发展。

这个想法很吸引人，原因不止一个。我很高兴地说，这很符合我那些面相严肃的哲学家同行们。他们在职业生涯中可能不会有快乐的巅峰体验，但是他们对于什么是自己想要的东西，比如更好地理解意志自由、身心关系等棘手问题，却有着明确清晰的想法。很多年后，他们也确实成功地满足了自己的欲望，那就是他们对于那些棘手的哲学问题的理解得到了深化。

“欲望 – 满足论”也同样能够很好地解释感觉的吸引力问题。许多年轻人都很享受由跳舞、运动、高亢的音乐以及吃和喝等所带来的身体上的快乐。他们喜欢这些东西，部分是因为他们喜欢这些给他们带来的感觉，他们一个个都沉醉其中。一个思想守旧者可能会否认这些对自己有好处，但是这个思想守旧者的认识可能完全是错的，因为“欲望 – 满足论”很容易处理这个问题。年轻人想要的恰恰就是沉醉其中并且体验这些感觉。只要他们达到了这个目的，他们便能精神抖擞。

个体过得充实源于其得到了自己想要的东西。如果一个人的大部分欲望已经得到了满足，而其他人总是不断地遭遇挫折且未能克服这些挫折，那么前者所拥有的生活便已经远远比其他人的生活要繁荣兴旺。

像对愉快的描述一样，有关美好生活的描述是许多人都感兴趣的话题。它符合我们这个时代的进程。像我们这样的富裕社会的居民都是通过这种标准来评价自己是否过得很成功。如果人们相当幸运和富裕，那么这个世界即使不是他们的牡蛎，也会是他们的绿唇贻贝。换言之，人们可以住进一幢更大的公寓，可以去餐馆吃饭，可以给朋友做顿美食，可以买一台等离子电视机，或者去热带地区追寻阳光的“足迹”。如果人们实现了自己的抱负和梦想，即使这意味着要经受研究哲学的痛苦，那么他们也会过上一种充实的生活。

49 真的是这样吗？几年前我母亲在她 89 岁高龄的时候去世了。她是一个老烟民。她曾经估算过，从她 14 岁开始到她计算的那天截止，她已经抽了 750000 支香烟。她每天都想抽烟，而且她每天也确实得到了她想要的。如果“欲望 – 满足论”是合理的，那么抽烟肯定有助于增进她的幸福。话虽这样说，但真的是这样吗？人们想要的东西可能对他们并无好处，所以满足他们的欲望可能会使他们的生活变得更加糟糕，而不是更加美好。

我想我应该告诉你，我的母亲从未因为抽烟而受肺癌的影响。也许是抽烟的习惯帮助她改变了自己略显焦虑的性格。这使得情况更加复杂，但是我的暗示应该足够明确了。还有很多酗酒的人、抽烟的人和一些吸毒的人，使他们上瘾的那些东西对其身心健康和生活的多个方面造成了威胁。许多人也曾想要戒掉这些东西。他们一方面想少抽烟或者只在某个固定的时间抽烟，另一方面又想戒烟，所以他们的欲望是相互矛盾的。这两种欲望背道而驰。这就给“欲望 – 满足论”带来了另外一个问题：如果欲望 A 的满足与欲望 B 的满足矛盾，那么欲望 A 或欲望 B 还能有助于你的生活繁荣兴旺吗？到底哪一种欲望的满足有助于你的生活繁荣兴旺呢？

那有没有解决办法呢？对于那些想要改掉不良习惯的人来说，欲望 A 和欲望 B 不能相提并论。想戒烟比想抽烟重要。其他事情也同样如此。一位很容易发脾气的教师，当看到他的学生嬉戏玩耍时想要发怒，但当他稍微冷静下来之后，他更愿意成为那种能够更好地控制自己脾气的人。

在我们的欲望经济中，有一些欲望比另一些欲望更加重要。如克服坏习惯、摆脱诱惑和嗜好就是如此。我在前面说过，我喜欢玩填字游戏。但是，在我喜欢的东西中它没有太重要的地位。还有很多事情胜过它，比它更重要。如果我必须在这辈子不再玩填字游戏与不再到乡间散步，或者不再写哲学文章，又或者不再和我的家人在一起等之间做选择，很显然，我会选不再玩填字游戏。

这表明“欲望－满足论”需要修正。它太过笼统、宽泛，需要提炼。我们得把欲望限定在人们生活中重要的事情上，也许是人们并不情愿放弃的事情。

但是，这样就够了吗？拿那些真的喜欢各种各样高盐食物的人来说，他们不能忍受不吃高盐食物。与此同时，他们根本就不知道自己正在冒一些健康方面的风险，尤其是当他们又不知道自己有严重的高血压并且很可能中风和患上心脏病时，这种风险进一步加大。尽管高盐食物在他们的生活中不可或缺，但是其对他们的身体毫无益处。

这说明我们需要在“欲望－满足论”的解释中补充一些知识性的东西。只有当你对欲望有充分的认识时，那么得到自己想要的才是有益的。你得知道这些欲望会涉及什么，这些欲望得到满足后的结果又是什么。

我经常在本地的报刊亭遇见一位年长的邻居，她每周末都去买彩票。 50
她告诉我这是她每周都要做的一件重要的事情。每到周六她都相信自己会中奖，即使她一共才中过两次奖，而且每次中的都是最小的奖。

买彩票对她来说有好处吗？一方面，也许没有好处。如果她知道她中大奖的概率微乎其微，那么这可能会使她明白买彩票只是一种愚蠢的游戏，并把自己的钱用到其他地方。另一方面，也可能有好处。像许多人一样，她可能也知道中奖的可能性不大，但是她仍然沉醉其中。买彩票和看彩色球从旋转的滚筒里滚出来的仪式是她每周固定要做的事情。这使得她一直坚持不懈。她的欲望是合理的，也在她的计划中占据非常重要的地位。所以，满足这些欲望对她来说就是有好处的吗？

你很难用什么理由来否认这一点。这样做似乎有点家长作风。你可能认为她这样做完全是在浪费钱，但是这只是你把自己的价值观凌驾在她的价值观之上得出来的结论。对于自己中奖的概率，她非常清楚。她才是那个决定什么是对她来说最重要的事情的人，而不是你。

经过修订后的“欲望－满足论”认为，欲望既应该是个人认为很重要的东西，同时也应该以相关信息为基础。这个修订版很有吸引力，因为它反映了大多数人的想法，适合我们所生活的现代社会。功利主义者的观点，就令人愉快的感觉而言，也适合它那个时代的文化。200 年前，基督教的思想仍然占主导地位。第一个从中挣脱出来的最主要的伦理理论，在关于这个世界的快乐的解释上，应该也和基督教拥有一些共同的假设。时间继续流逝，我们现在生活在一个民主的社会。在这个社会里，至少从理论上说，几乎人人都是自主的。每个人都不是权威盲目的追随者，而是可以平等地参与决策的人。在他们的私人生活里，他们可以住在自己喜欢的地方，只要他们不妨碍其他人做同样的事情。在其他事情上，他们也可以随意支配自己的钱。自由地进行商品和服务交易的市场为他们提供了更多的选择。

“欲望－满足论”中的解释很符合这种文化。根据前面已经讨论过的先决条件可知，只有个体才是他的个人幸福的构成要素最终的决定者。经济学家有这样的想法不足为奇。市场经济的存在也需要正当理由，事实证明，市场经济是在为所有人的利益服务，而不仅仅是为股东的利益服务。实行市场经济最令人信服的理由，是它可以增进人民的幸福。考虑到消费者已经充分地了解了自己所购买的商品和服务，那么满足他们作为自主的消费者的欲望对他们来说便是有益的。

这个新的幸福定义可能适合这种文化，但是它真的有用吗？也许这种文化会发生变化而且需要重新确定方向，谁又说得准呢？当然我们不应该随便地接受幸福的定义。它是需要依据来予以辩护的，它不是不证自明的真理。

我们许多人的生活都是基于这种理念，至少也是含蓄地体现了这种 51
理念。我们往往只有当成功地达到了自己的首要目标时才看得见自己的幸福，也只有通过各种各样对我们来说很重要的目标，而不是通过一些生活细节（诸如喜欢吃更加鲜嫩多汁的球形生菜而不喜欢吃口感粗糙的生菜，或者喜欢某一款比萨更甚于另一款比萨）来理解幸福。（我的信箱刚好收到一份多米诺比萨的传单，上面写着："如果要在六千六百多万种组合中进行选择，你会怎么选？"）我们承认我们需要以一种明智的眼光看问题，这样才不会上当受骗。如果我们想结婚，我们要设身处地地想一想婚姻的利弊，而不是被浪漫冲昏头脑。当我们需要买一辆新汽车或者设计厨房时，我们会去图书馆寻找相关资料并且将相关页面复印下来，以仔细权衡各种方案。

假设有经验性证据表明现在 80% 的人都在用这种理念生活，那能算得上有力的依据吗？这似乎表明，它很适合我们这种生物，它符合我们的本性。没有人强迫我们这样生活，我们是心甘情愿这么做的。

但是，至少从原则上说，我们是否会弄错呢？我们是否有些自欺欺人呢？在任何情况下，即使我们绝大多数人都遵循这样的幸福观，这又能说明什么呢？它只是表明我们相信这就是我们的幸福所在，而不能表明这些信仰的根基是牢固的。此外，很难搞清楚任何一种形式的经验性证据是如何说明问题的。因为证明"满足那些我们比较了解的欲望比满足那些我们不太了解的欲望对我们更加有利"是一种道德要求，而社会统计数据怎么能揭示究竟哪个东西是好的或哪个东西是坏的呢？

但是，另一种关于美好生活的想象又从何而来呢？原则上应该还有空间，可是什么东西又能填充这种空间呢？

无论采取何种视角，人们都将否认把个人的自主权凌驾于自己繁荣兴旺的生活之上的做法。这似乎意味着其他人比个体自己能更好地认识这一点，但是这怎么可能呢？这种要求看起来像是回到一个更加专制独裁的时代。作为一个能深思熟虑且见多识广的人，如果我四处卖弄我的打鼓技能，写一些情诗，那道德家、牧师和长老能指责我什么呢？

2

我们已经触及问题的关键之处了。个体能明确地知道什么才是对自己最有利的吗？还是其他人可能比他自己看得更清楚？如果是这样，那这些人又会是谁呢？有什么样的证据能够用来支持他们的这种优越性呢？

在第 4 章，我已经谈到了人的基本需求，也就是说如果我们要过一种繁荣兴旺的生活，那么有些需求必须得到满足，比如氧气、食物、衣服、住所、收入和教育。就这方面而言，至少个体还不是决定什么是对自己最有利的东西的权威。有客观证据表明，除非我们的很多基本需求都得到了
52 满足，否则我们这些生物根本就无法生存，更不用说蓬勃发展了。这是基于人的自然属性的无可辩驳的事实。如果造物主让我们没有肺、没有胃、没有皮肤等生理结构，那么干净的空气、食物和衣服就不会是我们的基本需求。

但是在前面三章中，我的探讨已经超出了基本需求的范围。假设我们的基本需求完全得到了满足，我们的充实感中包含了什么？此时个体可以是最终的决定者吗？

如果这种建立在充分的认识基础上的“欲望－满足论”是正确的，那么个体肯定是最终的决定者。一旦个体的基本需求得到满足后，个体就可以从自己的实际情况出发，在决定怎样才算过得充实方面拥有最终的发言权。

很难明白这种观点怎么会受到挑战。如果有其他机构声称在引领我的生活方面比我有更好的视角，这确实看起来像是家长作风。在英国社会生活中，私人咨询顾问正变成一种特色，就如同几十年来他们在美国社会生

活中不可或缺一样。但是，一个好的顾问不会告诉你应该追寻什么样的目标，他会接受你现在的目标，然后据此提出一些更加合理化的建议。

如果其他人真的知道（也许不知道）追求什么样的目标对个体有利，家长作风存在什么问题呢？其他人怎样才能有那种见识呢？家长作风的危险是，只有一方提出了他们认为他人的生活应该怎么过的观点。这并不是说他们拥有他人所缺乏的能够知道真相的“热线”，而是说他们在强制或者迫使他人做决定。信奉家长作风的人是“绑架者”的“近亲”，他们都是思想的“绑架者”。

在民主社会中每个成人毫无例外都是一个自主的选择者，但是家长作风违反了这一首要前提。如果我们承认民主，我们也会承认与民主相伴随的过上美好生活的合理的欲望。

也许看起来是这样的，但是最后的说法是对的吗？民主必然导致合理的欲望吗？我们还没有表明这一点。我们都知道，自主选择并不是不受限制的，它可能受到一些特定的限制。

“限制”这个词引起了大家对自由受限的恐惧。它似乎指向了一个限制者，但这可能是一种误解。大家都同意在一个民主的社会中，只要个体不伤害别人，他就应该自由地按照自己的意愿生活。在这个意义上，个体可以不受约束地生活。没有人会阻止个体做自己想做的事情，但是他也许仍然以某种方式过着与繁荣兴旺无关的生活。人们随心所欲地生活在脏乱且不健康的环境中，或者一天抽 50 支烟，或者整天躺在床上。自由和幸福不是同一件事情。

我不得不小心谨慎了。你们可能认为我在用这些例子反对“欲望 – 满足论”。假设个体完全知道自己在做什么，为什么我们要说生活在脏乱的环境中或者整天躺在床上就不符合他的利益呢？毕竟，这些是个体有意选择的。所以，至少对于他来说，又有什么是不值得的呢？

为了论证上的方便，让我们设想一下不同的事情。假设有一些方式表明并不是每件事都朝着繁荣兴旺的方向发展。假如对真善美的追求是打开 53

充实的生活的大门的唯一一把钥匙。让我们也假设这个视角有着极好的依据做支撑。我在前面提到某个人宁愿一整天躺在床上也不愿意去做任何事情，这样的人的生活不会有充实可言。但是，他也仍然能够自由地选择这种生活方式。其他人没有迫使他去图书馆或者艺术画廊的必要。

我已经提过什么有助于个人蓬勃发展并不是一个主观问题。它与一个人碰巧更喜欢什么没关系，而是已经根深蒂固了。诚然，我还没有做什么来证明这一点。但是，我已经试图表明自由地做自己想做的事情不一定就是做对自己有利的事情。

我听到你命令我停止闲谈。如果有一些客观的价值胜过个人偏好，那就让我们拥有它们好了。但是，如果你无法生成一些客观的价值，那就坚持做一个独立自主的选择者吧。

来看看我能做些什么。假设我们对一个知情者所做的选择不加限制，这里所谓的知情者不仅包括那些赖床的人，也包括那些我们所想象出来的过着很奇怪的生活的人，比如数沙粒者。数沙粒者生活中主要或者几乎可以说唯一的乐趣就是在沙滩上数沙粒。你问他为什么要这样做，他会告诉你："我不知道。数沙粒简直太棒了！除了数沙粒我想不到其他我愿意做的事情。"你告诉他这样做毫无意义，他也永远数不完那些沙粒，但是他会说："我就是喜欢它。"你跟他谈论他可以做其他所有事情，说数沙粒会让他错过音乐会，会错过跟朋友们的聚会，会错过学习知识的机会。但是，他说他自己心里有数，他已经尝试过各种各样的活动和关系，可总是会回到数沙粒这件他最酷爱的活动上。

我们能说他什么好呢？他不是精神失常，他对你的问题总能做出恰当的回应，他在数沙粒的时候头脑里并没有一些科学性的假设。他是一个完全知情的选择者，他满足于自己最珍视的爱好。那么他怎么不能过上一种繁荣兴旺的生活呢？

看待这个问题有两种方式。一种方式是少做这种荒谬的事情。换句话说，这个例子满足了所有的标准，但是没有人会把这样的生活称为繁荣兴旺的生活。标准肯定是错的。充实不能完全依赖个人偏好。

另外一种方式是刨根问底。如果有这样一个喜欢数沙粒的人，那么就有充分的理由质疑为什么数沙粒会成为他最感兴趣的活动。每个人都像他这样生活的可能性很小，所以这不是一个真问题。但是，只有个体才是最了解什么东西对自己有利的观念仍然没有受到冲击。

我们应该如何在这两种立场之间做出裁决呢？第二种立场的特征是它在一个关键点上出了问题。为什么一个人的幸福等同于他的偏好得到了满足？目前人们还没有给出任何站得住脚的理由。那么，为什么我们应该赞成这个观点呢？

然而这个观点在我们的文化中已经根深蒂固了。诱导人们消费的商业 54
类电视广告都支持这个观点，新闻和媒体也在处处强化它。但是，事实上一个观点即使有强大的支持者，也并不一定就能保证它是正确的。

一个数沙粒的人最终会过得穷困潦倒，而不是过得繁荣兴旺。他如果除了在伯恩茅斯沙滩上数了 673589246 颗沙粒，再也没做其他任何事情，那么他这一生肯定是失败的。这种所谓的“充实”可能会让你进入吉尼斯世界纪录，但是这种吉尼斯世界纪录不一定对你有利。

即使我们拒绝去做这种事情，但还是存在一个大问题。我们要问的是：数沙粒者到底错过了什么？

教育领域的议题

假设这种了解情况且自主的个体，是决定何者构成自己幸福生活的最终决定者的话，那么它会指向何种形态的教育呢？

它可能是这样的教育：学习者知道从大范围的生活选项中进行选择，而学习者的父母、学校或者决策者没有根据自己的偏好来干涉、限制学习者的选择，因为这会被视为家长作风。

这就需要一个广泛的课程体系。比如，如果要选择一种职业，学生就必须对不同的工作有所了解。同样，学生在住所、朋友、度假、宗教信仰和休闲活动等方面做选择时，也需要尽可能做到心中有数。如果学生想做出明智的决定，那么对一些有效的选项有所了解将有助于其做决定。这里有一个关键之处，就如同上文所说的“欲望－满足论”对于幸福的阐述那样，那就是个体必须对这些选项有充分的认识。

大体上按照英国的国家课程体系来设置教学内容就符合要求吗？这类课程体系是立足于对“各种领域的经验”或“各种形式的知识”的一份综合性清单而制订出来的，并致力于提供那些值得追求的生活方式，然而人们对此类课程却是很有争议的。

我不知道英国教育大臣戈夫会在多大程度上接受“欲望－满足论”视角下的幸福，但是他肯定非常重视对生活方式的自主选择。

> 也许我非常重视教育，因为它给了我很多东西。但是，它对我最大的影响在于它给了我塑造自己命运的机会。在我之前，我们家世世代代都是按既定的模式生活，我们这代人则从特别棒的教师那里学到了知识，从而获得了走自己的路的宝贵自由。

他偏好于那种传统的、理论化的、有着丰富事实的、以知识为中心的
55 学科本位的课程。当前的国家课程，实际上偏重于英语、数学、科学、现代外语和其他一些有着丰富事实的学科（比如历史）等。

但是，这是否太快了？我在第 3 章中已经讨论了传统的学科课程的一些问题。这些历史悠久的课程是为以传统为导向的社会服务的，虽然戈夫本人已经从这样的社会中挣脱了出来，但是面对这种学科课程体系，我们就应该认为它是增进自主的个体的幸福最好的方式吗？我不是说科学知识或者历史知识没有用，这样的知识当然有助于扩大我们在职业或业余爱好方面的选择范围，也可以加深我们对社会的理解。但是，其他知识领域，

即不是传统的课程所规定的那些知识领域以及人们（如戈夫）不喜欢的知识领域都有助于媒体研究、社会学等的发展。

我们可以以职业选择为例来做进一步的说明。我也曾像许多身世普通的年轻人一样，在人生可塑性最强的时期只顾埋头学习学科知识，全然没有想到去了解可能向我敞开的未来和我可能去从事的职业。我当时接受的教育应该让我知道成为一位金融顾问、律师、土木工程师、记者、景观设计师和公务员是什么样子吗？让我清楚我还可以去做些什么吗？来自特权家庭的人，他们可以轻而易举地接触和获取这些信息，但是我们这些身世普通的人上哪儿去找这些信息？因此，学校需要为平民子弟建立更加系统化的课程，建立一种比传统的“职业教育”更广泛的、更有助于人们解放思想的课程。

更宽泛地说，对可能的生活选项——不仅是与职业相关——的理解应该延伸至何处？原则上说，它可以在学校时时刻刻存在。孩子们可能会学到很多东西，他们有无数的工作可做，可以选择无数潜在的休闲活动，可以构建多种多样的个人关系和社会关系，也可以深入这些东西背后去探究人的社会心理。

似乎还有一个很好的理由能解释为什么孩子们对于生活选项的理解应该是强制性的和全面的。除非以一种非协商的方式让他们明确知道他们可以选择不同的生活方式，否则他们可能会错过一些可能改变他们的发展前景的东西。在这方面，似乎没有什么东西能替代百科全书式的教育所起的作用。

等一等！让学生为一种充实的生活做准备就是一种明智的方式吗？教育不仅仅要勾勒未来可能的生活样态，它也要引导学生去追求那些能让其觉得充实的活动，从而给予他们足够多的有关繁荣兴旺的生活的经验。

一个学生原则上可以用一种像塞克大主教那样的方式（Secker-like

Way[1]）去获得关于生活选择的知识，即不带任何特别的热情把所有的选项都尝试一遍。学生从很小的时候就需要全心全意地将时间花在他们喜欢的事情上。我们希望学生能在今生而不是在来世过上繁荣兴旺的生活。我们应该在他们还是孩子的时候，就在此刻（now）去帮助他们发现并找到能让其觉得充实的事情，而不是非要等到他们成年之后。

56 我们面对的是两种幸福目标之间的冲突。一种与个人自主这个前提有关，即让学生对一系列可能的选项有所了解。另一种与性格形成有关，即引导他们追求让自己觉得充实的活动。从理论上讲，可以用这种方式引导学生参加大量的活动。但实际上，当选项的总数越多，意义就越小。

在任何情况下，如果自主的选择者想要过上繁荣兴旺的生活，那么其需要了解多少生活选项？我们距离对选项有全面的了解又有多远？

我会在下一章和本书第二部分再来讨论这两种目标之间的张力。同时，我也会考虑其他几个问题。

首先，让我们回到掌握一系列关于生活方式的知识应是强制性的要求这个问题上来。反对者也可能会使用我刚刚用到的理由。如果你希望你的孩子成为自主的选择者（这不仅仅是为了使他们成熟），他们需要在很小的时候就对此有所体验。这也就是说，从小学一年级开始就要给他们最大限度的自由，让他们去选择自己想做的事情。

但是，为什么要给孩子最大限度的自由呢？尽管世界上一些以孩子为中心的教育做法拥护这种观点，但是这样做似乎也不是很明智。如果孩子们还要通过学习才能成为自主的人，这表明他们还没有完全自主地活动的能力。孩子的年龄越小，他们所拥有的关于如何做出选择的知识就可能越少。他们的学徒身份将使他们具有相应的理解力，逐渐给予他们更多的机会在活动中做出选择，并且会以其他的方式使他们发生转变。但是，不论

---

[1] “Secker-like Way”是作者自己创造的一个词，我们将其译为“像塞克大主教那样的方式”。在这个句子中，这个词的大致含义是：作为学生，不能只对某一门或某几门学科有兴趣并投入热情，而是应该对所有学科一视同仁，都努力学习它们。——译者注

是基于孩子的权利还是其他什么东西，没有论点有可能证明给孩子们 5 份以上全权委托书，然后不加限制地让他们去做自己乐意做的事情就是合理的。

第二个问题是下面这个问题。在这一部分，我将进一步推敲“欲望 - 满足论”所阐述的幸福观。如果这种幸福观是正确的，我还想知道它对课程会产生怎样的影响。它是正确的吗？我在本章的开头部分已经提出了一些疑问，我在第 8 章会进一步探讨这个问题。

考虑到中学阶段的孩子（以及更加年幼的孩子）已经开始形成什么样的生活才值得过的想法，他们在多大程度上把这种“幸福人生完全取决于个人”的社会文化心理视作理所当然？他们又在多大程度上相信，如果一个人成功地得到了自己生活中最想要的东西，那么他就过上了繁荣兴旺的生活？教师和父母不妨跟年轻人讨论一下这个观点。

我意识到我们所有人正身处其中的这种消费文化，不可能促使年轻人做出这种反思。这种文化关注知识的经济效益，让人们利用自己的空闲时间选择商品和服务以满足自身的需求。如果人们开始在任何情况下问自己欲望的满足是否总是通往充实的生活的道路，那么它的利润率可能处于危险之中。 57

我们有很多理由证明教育机构应该承担这项任务。我不是说它们应该通过抽象的哲学思维来吸引学生。每一个学生日常生活经验中的很多东西都是学校可以用来引发学生讨论问题或开展项目的材料。

第 8 章　有价值的活动

1

数沙粒几乎没有价值，如果有的话，那也是小到可以忽略不计。喜欢数沙粒的人，其成功之处只在于他确实得到了他想要的东西，但他的欲望本身是令人难以理解的。他的生活如果是这样过的话，那就毫无意义可言，也谈不上繁荣兴旺。

如果这种评价是正确的，那么幸福生活的一个先决条件，是我们所追求的活动出于其自身之故而有价值。但是，这给我们带来了另一个问题，至少是目前为止我们遇到的最大的问题，那就是，一项活动怎样才算是有价值的？

让我们还是先从小处着手。我的妻子和我有一个 17 个月大的小外孙，他极其可爱。上个星期天他的父母带他来看我们。我们花了很多时间和他玩，陪他看图画书，陪他在花园里散步，陪他去看小雕像。以这种方式度过一天，这一天变得很有价值。

我怎么知道某件事是最值得做的？我不禁想说这个问题真有点多余——因为没有人会认真地提这个问题。它和“这个房间里是否真的有一张桌子”这样陈旧的哲学问题很像。我们需要从众多哲学疑问中分辨出什么是真正的怀疑。常常有人从哲学的视角出发扮演一个怀疑论者，询问桌子究竟为什么不能只是一种幻觉。但是，人们完全有可能既怀疑桌子是不是自己的一种幻觉，同时又坚定地认为桌子这个物体是存在的。参加家庭聚会也是如此。正如我所说的，很难想象比它更有意义的度过时间的方式，而这也并不排除我们从哲学的角度出发去询问是什么使活动极具价值。我将在第 10 章再来讨论这个问题。但是，它确实给了我们一个起点，让我们知道某些事物如家庭聚会明显地处在价值链条的中心位置，而数沙粒则明显处于价值链条的末端。

不难想出其他有助于我们过上充实的生活的那些有内在价值的活动。卡萝尔（Carole）喜欢带着她那只戴着链子的爱尔兰猎犬一起在当地的田野里跑步，她的丈夫菲尔（Phil）在业余时间是个出色的木匠——他喜欢根据古老的火车卧铺的陈设制作适合放在客厅的低矮的桌子。不可否认，他这么做是可以挣到钱的，但他的木工活并不是一种达到目的的手段，这
项活动有其内在价值。他们的一个邻居在一个乐队里弹奏吉他，还经常在 59
英格兰南部参加演出。这位邻居和他的妻子都喜欢潜水。

我不再多举例子。今天很多普通的英国人的生活一个显著的特点是，那些能使他们乐在其中的有价值的活动实在太多。这不像 150 年前，当时英国正在和工业革命带来的失序和混乱做斗争，大多数人的生活都比较痛苦，富人也是如此，甚至皇室成员也不过是偶尔在一场音乐会或一场话剧中感受快乐。今天，我们仅仅借助“苹果”手机或电视机，就可以享受以前只有富人和皇室成员才能享受到的那些有价值的活动。

确定繁荣兴旺的生活有哪些可能的构成要素是没什么问题的，唯一的难点是确定这项工作可以到哪里为止。有这么多高质量的候选项，如我们所见，这些候选项还囊括了关系和活动。

在思考个人过得充实这个问题时，一个关键之处在于我们要考虑如何度过我们生命中的每一分钟、每一小时和每一天。我们像其他哺乳动物一样，是充满活力的生物。与我们的活动相伴随的，是或长或短的体验，无论是知觉上的还是情绪上的，前者如疼痛感，后者如愤怒或高兴。

仅用投入有意义的活动之中来阐明个人生活的繁荣兴旺是不够的。正

如我们在第 5 章中所看到的那样，活动还必须是成功的。被自己的“才华”所欺骗的蹩脚诗人，或者不断拙劣地修修补补的木匠，其生活是很难繁荣兴旺的。关系也是如此，友谊是有可能变味的。爱上年轻女性的中年男子可能是在设骗局。一个人的生活是充实的，意味着其成功地投入了有价值的活动之中，很少失败。

如果你愿意，这意味着在生活中你必须成功而不是失败，必须是胜利者而不是失败者。但是，这并不是说你必须赚很多钱或从事最高级的工作。这种传统印象对充实的理解很糟糕也很无情。这就好像一种更古老的思维方式，它将人分成被拯救者和上帝的“弃民”这两类。这种思考方式在今天这个世界也有与之对应的思维模式。但是，如果我们认为每个人，而不只是某些人，应该得到帮助，以便他们能过好自己仅有一次的人生，那么我们就需要一个不同的起点。成功仍然是核心，但很可能是适度的成功，其表现在日常成就和人际交往方面。

比较两种虚构的生活。假设有两位女士，她们都以园丁工作谋生，她们都与自己的丈夫和孩子保持着亲密的关系，也都有很多朋友，并且都喜欢观察鸟类和烹饪。其中一位女士所有事情都做得很好，事事顺心，而另一位女士却在生活中遭遇不幸，导致她在大部分关系和她所做的事情中陷入困境。第一位女士比第二位女士过得更充实，也更成功。

这种比较可以存在于任何人类社会中。我们可以想象几千年前的传统
60 部落，在这个部落里，有两位男士都是勇士、父亲、兄长（或弟弟）、猎人、投枪制造者、当地的神的信徒。和之前的故事一样，其中一位男士所有事情都做得很好，而另一位男士因为身体不太好、一系列的事故和自然灾害而全盘皆输。说第一位男士比第二位男士过着更加充实的生活，基本不会引起争议。

即使是人类以外的动物也有这方面的区别。一只宠物狗和主人家的家庭成员相处得很好，能够在花园中玩耍，在田野中奔跑，它比那些被关着和被虐待的狗过着更加繁荣兴旺的生活。和其他一些动物一样，人类是有

活力的社会性动物，人类的幸福程度取决于其能够在多大程度上像这样成功地生活。

在一个现代的民主社会中，出于活动自身之故而成功地从事有价值的活动还不是故事的全部。对于我们大多数人来说，还必须包括自由地参与这些活动。传统社会中的男性在是否成为勇士、丈夫和投枪制造者问题上是没有选择权的，对他们来说，这些是部落习俗。但是，在现代社会中，卡萝尔选择和她的狗一起出去跑步，菲尔选择根据火车卧铺的陈设制作桌子，这些没有什么可质疑的地方。在我们这种社会中，我们自由地选择爱人和经营其他关系，选择我们的工作和非工作性质的追求，等等。对几乎所有人来说，个人自主是我们幸福生活不可剥夺的组成部分。

我这里用的是“几乎所有人”，因为并不是所有人都像生活在英国或美国这样的国家里的人那般看重自己主宰生活这件事。对于我们中的一些宗教团体来说，我们所拥有的生活并不是我们自己的，而是上帝的，我们终究是做上帝希望我们做的事；若幸福存在的话，那它也只是在另一个世界中存在。

2

下面说一下幸福的剩下三个特征。

1. 想象有这么一个人，他可能是大学的讲师，他在所有他参与的有价值的项目——教学、会议演讲和他所主持的委员会——中都很成功，他与妻儿平安无恙。根据前文所述，如果说有人正在过着繁荣兴旺的生活的话，那么他就属于这种情况。但是，出于某种原因，他有点沮丧，并且这种沮丧影响了他所做的一切。他在工作中表现良好，但是这让他付出了心理代价，他不得不强迫自己符合外界的标准。即便如此，他后来的工作表现也经常平淡无奇、缺乏亮点。

我们都同意，他没有完全蓬勃发展，他在生活中缺失的东西就是全心全意。正如约瑟夫·拉兹（Joseph Raz）（1994，Ch.1）所指出的那样，当沮丧袭来时，他能够满怀热情地将自己投入所从事的活动之中，他不再分神，一面想着当前的任务，一面思考着自己。他现在能够全心全意地投入他所做的事情之中，他完全被活动吸引住了，一切都在有序进行。

61 不仅沮丧会阻碍一个人的发展，缺乏自信、自我形象差以及焦虑的性格都有可能阻碍一个人的发展。

全心全意这一要求在快乐主义中体现出其真理性。就像我在第 6 章所阐述的那样，虽然幸福不能被简化和还原为愉快的经历，但是某个人面对他正在做的事情时能够乐在其中，确实会促进他的生活繁荣兴旺。同时我也意识到热情不可能持久，正如在公司门口站了太长时间的门卫所证明的那样。全心全意，也和许多其他个人品质一样，要在两个极端之间取一个平均值。我们应当避免两种极端，一种就是过度热情但不持久，另一种则是毫无热情。

2. 这又引出了第二个特征，它是对刚才所论述的有关个人自主和全心全意等观点的进一步拓展和延伸。个人自主和全心全意这些优秀的个人品质是在民主社会中过上充实的生活所需要的东西。还有其他一些优点，比如：你必须要有决断力以实现既定的目标；要有勇气面对身体和心理的恐惧；要坚韧，就像无视挫折的士兵那样；要有良好的判断力，能够在特定情况下做出合适的决定，尤其是在不同的考虑相互冲突时。

这些只是我们过得幸福所需要的一些品质。我将在本书第二部分继续讨论这个问题。在本书第二部分中我们也将更全面地看到，“以幸福为主旨”的教育不能仅仅局限于学术性的学科，还要致力于促进一系列广泛的个人品质的发展。

这里我想提及上述这些美德之外的另一种美德，我们需要用它来对抗来自消费主义和先前讨论的名人文化的压力。我们生活在一个充满诱惑的世界，近年来它与包括吃、喝、阳光和兴奋剂等在内的东西相伴而来。正如我们必须通过培养像勇气和自我控制等美德来调节我们与生俱来的情绪（比如恐惧和愤怒）一样，我们也必须学会管理我们内在的身体欲望。良好的教育将引导我们养成恰当的饮食方式，比如吃干净的食物，适量饮酒，在聚会场合更加自如地控制自己的言行，等等。此外，我们还要学会保护自己，避免过度暴晒。一种公开坦率的性教育也可以帮助我们调节欲望。

奇怪的是，我们的日常用语中没有现成的词语来指称这种美德。哲学家们提供的词语是“节制”，这个词语在日常生活中通常和酒精联系在一起。在这里我将在哲学的意义上使用“节制”这个词语来表达明智地调节一个人的身体欲望的含义。

不管我们用什么词语，我们目前的文化都需要突出这个词语背后的理念。肥胖、厌食症、酗酒、恋童癖和其他形式的性虐待，以及对尼古丁、酒精和毒品上瘾等已经成为主要的社会问题和健康问题。我们中的很多人，尤其是年轻人，被诱惑着去接触这类东西，最后变得堕落。我们很难抵抗媒体、广告和互联网上的刺激，使自己不沉溺于其中。我们需要获得
抵抗诱惑的意志力量。这种美德和勇气密切相关，我们需要勇气来坚决抵 62
抗那些迎合这些欲望的群体所制造的压力。

除了身体方面的诱惑，还有物质方面的诱惑。街边的一座教堂，除了两个尖尖的屋顶外，其他的部分都被拆除了。它的名字和建筑物的正面都被卖给了一家购物商场。商场里有空调，为大卖场提供冬暖夏凉的保障条件。你可以在阳光下享受卡布奇诺咖啡和杏仁羊角面包。停车也很容易。如果你需要用洗手间，那里也有。每个橱窗都有特价商品，由家庭制作的美味的面包和蛋糕放在面包店里出售。

这个地方是不可抗拒的，你本来去那里只是因为你用完了纸巾想去买点回来，但当你离开时，你发现自己肩扛手提着大包小包的东西挣扎着走下坡，而更糟的是，你发现花钱如流水的购物行为让你损失了 65 英镑。

我在这部分常用“美德”这个词。它是一个有点老派的词语，现在

我们不常用它来标注个人品质。这点强化了我在绪论部分提到的观点，即对我们这些继承了道德文化和宗教文化的人来说，在一个强调“幸福是人生目的”的新世界中感到自在仍然是件奇怪的事。因此，如果我们用“美德”这个词，那我们会感觉自然得多和自在得多，而它可用来作为“vice”（罪恶）的反义词，并且与“道德至善”同义。我们不太习惯用“美德”这个词来指代理想的个人品质。和节制一样，当我们谈论幸福时，我们面临的挑战是如何创造一个大家共享的新词语。

3. 第三个也是最后一个关键词是“运气”。好运是幸福的必要条件。一直都很顺利的生活可能会因为重重摔了一跤、突如其来的金融危机、帕金森病突然发作以及蒙冤入狱而被毁掉。在那些我们现在正急于摆脱的更加激进的基督教世界观里，生活过得多好与外部环境毫无关系，它只与你在逆境中所表现出来的道德品质有关。在这种观点看来，生活的好坏并不取决于好运或厄运，即使你运气很差，若你有正直的品质，你也可以过上好的生活。

对于我们这些视世俗生活为全部人生的人来说，我们不能按激进的基督教世界观所提供的思路去思考。这就是为什么我们必须尽可能采取措施来防止厄运或者减轻其后果。我们买保险，给那些承诺为我们提供免费的医疗服务、更安全的高速公路和城市街道、控制饮食掺假的政府投票。我们中的一些人，为了避免厄运，旅行时从不坐飞机，也不晒太阳，不用自动取款机，甚至是不离开自家房子。但是，我们大多数人都知道我们不能保证自己的人生没有厄运。

社会阶层因素也得囊括进来。金钱和教育可以缓解不幸的冲击。削减遗产税意味着能给一些婴儿留下更多的遗产。制定对富裕家庭有利的学校招生政策，会缓解富人的子女进入好学校的竞争压力。特权阶层拥有更好的运气可能意味着弱势阶层糟糕的命运。如果我们想让更多的人过上充实的生活，那就得促进整个社会的机会更加公平。

63

3

我一直主张，幸福既不能被理解为愉快的感觉，也不能被理解为成功地满足了我们的主要偏好。这里还涉及“成功”，但是此处的成功是指参与有内在价值的活动和关系。我们都知道其中一些活动和关系是什么，例如陪外孙玩耍。尽管我们觉得在抽象意义上很难说明白什么使活动和关系变得有价值，但我将在第 11 章进一步阐述这一点。

在这种情况下，成功并不意味着一个人在生活中只能成功不能失败。成功的观念更具有普遍意义，甚至适用于那些人类以外的动物（可以把“成功”理解为动物过着一种繁荣兴旺的生活）。像在我们这样自由而民主的社会里，大多数人都可以自由地选择自己想从事的活动和自由地建构与他者的关系。这样一来，个人的自主权几乎无意识地影响着我们如何去想象幸福的生活。

我们如何参与我们所追求的活动是后者的另一个特征。全心全意而不是三心二意，是参与活动的一个必要条件，此外，某些特定的个人品质也是必要条件。为了生活能繁荣兴旺，我们需要有耐心、勇气、决心、良好的判断力和其他许多美德。在这样的消费主义环境中，我们需要心理能量来抵制购物的诱惑和对我们身体欲望的放纵。当然，为了过上繁荣兴旺的生活，我们也需要一些好运。

教育领域的议题

教育长期以来一直饱受“全面性”的教育理念的侵害。我不是指当代的综合性中学这类学校，事实上，我心里所想的东西可追溯到 17 世纪，至少激进的新教圈子普遍认为人类是由无所不知的上帝创造出来的，因此它主张让学生深刻地理解每一门学科的知识。如今，我们仍然努力把一门又一门学科塞进国家课程中，学校的课程表在传统的基础上又增加了新的内容，包括学生应该知道节食、议会的运作、计算机的使用、财务管理、宗教节日、企业家精神等。而在课堂层面，教师经常被考试方面的焦虑驱动着，竭尽全力覆盖所有知识，争取做到面面俱到。

我们在第 7 章中看到这种现代的“百科全书式”的教育理念在理论层面是如何发挥作用的，它坚持要求每个孩子成为自主的个体，认为他们应该了解广泛的、覆盖人生方方面面的知识。我们应该看到这种对“全面”的追求所具有的弊端——它很可能以牺牲学生参加自己真正觉得有乐趣的活动为代价。

64 建立在“欲望 – 满足论”之上的幸福教育错误地迎合了我提到的“学生参加自己真正觉得有乐趣的活动”这一点。我们如何选择那些令人乐在其中的活动？正如我们所看到的那样，这不能留给孩子们自由选择，而如果由教师或政策制定者来选择的话，那就有家长作风的风险。如果选择像科学之类的课程的理由，是其能打开大量的大门（门后是可能的人生选择），那么拿什么保证为孩子们打开这一扇扇大门的人正是孩子们所喜欢和欣赏的人，而不是他们讨厌的人呢？

本章对“欲望 – 满足论”构成挑战的地方就是没有把幸福的组成部分与每个个体碰巧想要的东西联系起来。我所提出的替代方案不是那个意义上的相关。它提醒我们，正如我们从与孩子玩耍、听音乐、亲密的人际关系、参加手工艺活动等经历中所了解的那样，充实的生活以在内在动机的驱动下全心全意地和成功地从事上述这类活动为基础。

诚然，“这类活动”指向了一份列出了种种有价值的活动和各种各样的关系的清单，当然这里还有一个问题，就是我们根据什么标准来决定我们可以将哪种活动和关系列入这份清单中。我将在第 9 章再次讨论这些问题。清单越长，就越是有更多的理由让作为自主的选择者的孩子知道有各种可能性向他们敞开。因此，我又回到了我在上一章讨论过的“了解种种可能的选项”这个版本的教育目标。

但是，这个版本的教育目标和它之前的版本有一个非常重要的区别。它不再认为“全面性”是必须实现的目标。“欲望－满足论”版本必须尊重孩子的自主性，因为忽略个人可能会做出的选择的做法看起来像家长作风。在“有价值的活动”版本中，即使孩子对每个选项都不是特别了解也不要紧，与“全面性”相比，能主动地投入某种活动之中更加重要。

如果我们从一开始就知道，充实的生活建立在专注地投入有价值的活动之中这一基础上，那么我们就要通过给他们体验充实的机会，让年轻人现在就开始走在这条路上。我们对覆盖面较大的教学大纲不太感兴趣，我们对那些能确保孩子们充分地、愉快地、成功地从事有价值的活动的教学大纲更感兴趣。这是第一位的，当然，这不是一切。我们要确保他们从这里出发，进而沉浸在其他有价值的活动之中。随着时间的推移，他们接触了各种各样的东西——友谊、工艺、探索自然、阅读故事、游泳、园艺、帮助别人……。虽然我们知道他们当中只有小部分人可能真正喜欢一些活动，但是，我们还是让他们尝试各种各样的活动，比如学习代数、外语、唱歌。鉴于我们视他们为尝试者，如果他们因为不喜欢这些活动而放弃它们，我们也不会感到失望。这些都不是问题，因为他们会发现总是有其他更有吸引力的新事物可以学习。

我们不指望每个学生离开学校时都拥有比较全面的竞争力。我们意识到他们在未来还有一生中剩下的 80% 左右的时间要去度过，如果幸运的话，他们将拥有大量时间接触各种各样其他有价值的活动和关系。我们也必须确保他们能接触到这些信息，给他们指出未来可能的光明以及他们可以通过正式或非正式的成人教育来投入这些活动与关系之中。 65

正如我所说过的，期望学校和家庭一起让孩子们体验到沉浸在每一种有价值的活动之中是不现实的。但是，如果我们借助于想象力的话，更多的东西是可以加入清单中的。文学艺术，包括小说、戏剧、电影，是向我们介绍我们目前还没办法亲身经历的各种有价值的关系和活动的理想的媒介。传记和回忆录也一样。当我说“向我们介绍……”，我的意思并不是说以某种外在的方式让我们了解关于这些关系和活动的知识。艺术家和作家有能力让我们感受多种人生境遇，例如，失去丈夫后爱上某个人，或者攀登世界上最高的山，或者通过曝光在集中营里的恐怖之处来彻底地拷问人的正直感。戈夫在这方面犯了一个错误，他想将学校的文学教学只限制在德莱顿（Dryden）和其他作家的“伟大的传统”的范围内，忽略了小说和其他作品，尤其是那些当代作品的作用，这些作品可以大大地增强我们对人类无数充实的生活方式的敏感性。

那么，直接地或间接地通过想象力，家庭和学校将引导孩子们投入各种有价值的活动和关系之中。虽然我们能预想到大家在这些模式上会有大量交叉，但是每个人的模式还是会有所不同。我们也希望孩子们能取得进步。更大的成功是建立在较小的成功之上的。较简单的故事将吸引他们去读更多读起来吃力的故事；孩子们参加研究维多利亚时代的英国生活的项目后，他们需要更详细地探究工人运动的兴起（他们也可以研究其他历史时期）。

成功是这类教育的核心，这并不奇怪。很难想象任何一种教育居然没有某种核心概念作支撑。为了进一步展开讨论，我举两个例子：一个例子是，传统的教育取向要求孩子为了将来在社会上（无论是在经济状况还是在职业选择方面）都能出人头地而努力学习；另一个例子是，围绕着“幸福的关键是满足欲望”这个观念发展的教育，认为成功就是一个人得到自己想要的东西。我将依次讨论它们。

望子成龙、希望孩子在社会上“表现得好”自古就有。17 世纪的新英格兰清教徒和今天中产阶级的父母都使用相同的语言。科顿 · 马瑟

（Cotton Mather）所写的《照管幼儿园》（*Cares about the Nurseries*）中有两句简短的话，其中第二句话是：“给孩子们一点忠告，他们现在表现得有多好，将来长大了也会表现得那么好。”（Morgan，1944，p. 49）

在过去，宗教意义上的成功与职业意义上的成功紧密地交织在一起。的确，这两者是密不可分的，因为一个人之所以会追求某种职业上的成功，正是因为他听从了上帝的召唤。一方面，要过一种正直、虔敬的生活；另一方面，要成为一名受人尊敬的、生活富裕的农民、医生、木匠。现在已经很少有人强调宗教的视角了，职业的视角比以往更有影响力。

正如我们之前看到的，我们需要检视生活中有关成功的种种解释。比如，“有赢家就意味着有输家”这个说法就值得推敲。我们需要一种 66
新的社会视角，在这个社会里每个人都可以是赢家。梅勒妮·菲利普斯（Melanie Phillips）是一名英国记者，她写了一本支持传统教育的书——《所有人都必须有奖品》（*All Must Have Prizes*）。但是，这不是我们急切需要的一种替代性的口号，因为它并不合适。我们需要这样的教育体系和这样的社会，即奖品不那么稀缺，换言之，每个人都可以成功地投身于某种有价值的活动中，每个人都有机会表现得好。

至于第二个例子，“欲望 – 满足论”中的成功概念，比“有赢家就意味着有输家”的版本有更多平等主义的潜力。你不必非要实现这种传统意义上的成功目标，你只要适度地实现目标就好。但是，一个人仅仅实现了目标并不能保证其幸福。比如，想住在西班牙的海景别墅里是一个人在退休前想实现的目标，但最后他可能发现海景别墅令人失望。之所以会这样，也许是因为这个目标缺少了某种有价值的东西。

我们需要剥掉围绕在成功这一概念周围的错误的“壳”，留下“在有价值的活动中取得成功”。从某种意义上讲，这并不是什么激进的新方向。正如我们大多数人所知道的，这就是日常生活中的成功。我们必须做的事情就是使自己摆脱围绕在成功周围的多余的东西。

让我们把目光投向学校。在目前的情况下，学校被碎片化的课程表控制着。50 分钟一节课，有时是两节课一起，随着孩子们长大而成为规范。如果我们现在觉得它不可接受，但至少是能理解它的，因为它过去一直就是这样。百科全书式的知识必须找到一种像碎片化的课程表这样的机制来确保每个知识分支都能被孩子们学习和掌握。

碎片化的课程表将孩子们的能力限制在全力以赴投入一个个很小的单元的教学活动中，但又没能继续予以深化。这里有一个对学校课程表进行反思并且给予孩子们的能力更大发展空间的案例。有人将“孩子们有限的注意力”作为倡导简短的课程的一个理由。当然，孩子们很容易突然放弃做某件事，比如之前在客厅里玩交通堵塞的游戏，后来转而去做完全不同的另一件事，比如在花园里踢球。但是，孩子们自发地转换活动项目不同于由标准化的课程表带来的注意力的强制性转换。“孩子们的注意力范围有限”的观点不能和即使是很熟悉的事实兼容，即孩子们经常不得不从那些其全心全意地投入其中的活动中被拽走。

现在谈最后一个想法。导向有价值的活动的教育并不是一个全新的概念。在 20 世纪 60 年代，哲学家理查德·彼得斯（Richard Peters）（1966，Ch.5）对此做过很到位的阐述。但是，他的视野太窄。对于他来说，有价值的活动就是探索真理的活动，就像历史、科学和哲学这些学科中的活动那样。但是，这些学科的学习在任何人的教育活动中都是重要的，没有充分的理由证明这些学科的学习活动应该拥有比实践活动、审美活动或者其他类型的活动更高高在上的特权。

有价值的关系和活动是充实的生活的组成部分。在过去的传统中，如果这些关系和活动没妨碍学校教育的主要任务，学校就最多将其视作学
67 校生活中最边缘的部分。过去的学校的主要任务是发展每个学生的理智能
力。这就是为什么教室的课桌通常采取一排排相互分隔的形式；这就是为什么测试和考试考的是个体的成就，而不是集体的成就；这就是为什么教

师经常偏爱那些书面表达能力强的学生，而不太喜欢那些在公开讨论中思维活跃的学生。“学生之间要不要培养深厚的友谊”这个问题充其量只是被宽容，而不是被鼓励，因为它与考试成绩无关。

但是，这是没有根据的。我们都知道，如果不是被理论的光环迷惑，人类生活最幸福的体验应该就是亲密关系、友谊和与他人合作共事方面的体验。学校一直不愿意去促进这些体验。但是，为什么这类体验是必需的呢？我将在第 10 章和本书第二部分讨论这个问题。同时，正如我在前面所提到的那样，学校应从海量的内容中挑选一部分出来，让学生通过想象力和直接的体验来沉浸到这个世界上各种有价值的活动和关系之中。

68

第 9 章　工作与幸福

1

哲学家摩尔（G. E. Moore）写道：

> 也许有人曾问过自己这个问题，但没有人怀疑人们对艺术和自然世界中那些美好事物的喜爱和欣赏，这些本身就是好的。（Moore，1903，p. 188）

我们同意他这个观点时，不需要接受他的另一个观点，即对艺术之美和自然之美的欣赏是生活中最有价值的事情。

位于伦敦戈登广场（Gordon Square）东边的几幢房子现在属于伦敦大学学院。透过这几幢房子的窗户可以看见里面的文件柜和安格灯泡。这几幢房子墙上的蓝色纪念牌匾显示一个世纪前，这里曾经是多么声名显赫。经济学家凯恩斯、历史学家和传记作家利顿·斯特雷奇（Lytton Strachey）、著名作家弗吉尼亚·伍尔芙（Virginia Woolf）和画家克莱夫·贝尔（Clive Bell），这些大名鼎鼎的人物都曾在这里生活过或长或短的时间，并且过着将自己的一生献给人类友好与博爱的事业的生活，这也是摩尔心目中最理想的生活。

布鲁姆斯伯里团体（Bloomsbury Group）[①]是一个悠闲的精英团体。我们中很少有人可以像他们那样把那么多的时间投入在自己喜欢的追求上。但是，这是否意味着我们就不能过充实的生活呢？

自亚里士多德以来，有一种传统的幸福观念把幸福和闲暇时光的利用联系在一起。亚里士多德为少数富人写作，而富人的基本需求要通过奴隶来满足。之后的一个社会群体，比如 18 世纪的英国贵族，也属于有闲阶级，热爱聚会、狩猎、建造花园等，他们的背后是大量仆人在负责相关活动。今天的流行偶像、把总部设在伦敦的俄罗斯石油大亨和其他有钱的名人则是有闲阶级的继承者。

甚至我们这些为谋生而工作的人，也将幸福和我们在空闲时间里所做的事或者理想情况下想做的事联系在一起。我们很多人都盼望着周末的到来，以这种眼光来看，工作只是手段，只有闲暇时参加的活动才是本身有价值的活动。

我们这样想对吗？我想以制作桌子的菲尔为例。他的木工活是在业余时间——确切地说是在下班后——进行的。如果你喜欢木工活的话，它可以是一种休闲活动，但它也是非常辛苦的工作。当人们看到菲尔扛着沉重的枕木，并将这些木材运到位于花园尽头的一个很大的工棚里（这个工棚是菲尔专门用来做锯木头、钻孔等工作的），他们就会同意木工活也是一种非常辛苦的工作。 69

闲暇和工作之间的界限不是很明显。一个难点在于工作（work）这个词有不同的含义。它既可以指我们的职业（job），在更广泛的意义上，它又可以指以生产某种东西为目的的活动。

因此，当我们询问工作在人们充实的生活中扮演什么角色时，我们必须注意我们头脑中的工作的含义。如果悠闲的人能过上繁荣兴旺的生活，

① 该团体是 20 世纪英国一个松散的高级知识分子团体，以画家、作家、政治学家、经济学家及历史学家为主体。该团体被称为是由拥有“无限灵感、无限激情、无限才华”的知识分子所组成的文化团体，其影响远远超出了英国。20 世纪早期，徐志摩、林徽因等人所在的“新月社”，一定程度上是以它为模板建立起来的。——译者注

那么他们根本没有必要保住一份工作。

这并不是什么新闻。但是，当我们在另一个意义上谈论“工作”，即把工作作为“生产性活动”时，我们究竟在说什么呢？它是繁荣兴旺的必要条件吗？并不是所有有价值的活动都是工作，例如在乡下散步或听弦乐四重奏。这两个例子中的人都不打算要一个最终的结果。有人可能会说，一个人在乡下散步是为了产生“愉快地散步”这个最终结果，但这只是对这项活动的一种复述，而没有介绍这项活动之外的最终结果。当然，你可能是为了扩展你对音乐的理解和感受而去听弦乐四重奏，并且认为这听起来像是最终结果。但是，也许你只是在追求一种纯粹的内在的愉悦感，如果真是这样的话，你就不会产生“这是某种形式的工作”这样的想法。

对话是另一种单纯为了享受活动本身而进行的有价值的活动。有趣的是，摩尔提出的两种东西——个人的感情和审美活动——并不一定与生产出某种东西有关。在这个意义上，一辈子都没有生产出什么东西的人会幸福吗？我看不出为什么不行。一个人可能富有到她所有的需求都可以通过他人得到满足，她所有的时间都花在陪伴朋友，或者阅读、听音乐、在森林和田野中散步上。

无论我们采纳的是“工作”的哪一种含义，工作都不是人类繁荣兴旺的生活的必要条件。但是，我还不能得出最后的结论，即繁荣兴旺取决于闲暇和免于工作的时间。

雷恩是一名小学教师，他尤其喜欢教小孩子。他的工作很辛苦，需要花很多精力去备课和批改作业。他对于学校过分强调识字和识数并不满意，但他热爱自己的工作，喜欢和小孩子在一起，激发孩子们的热情，带他们参观科学博物馆和绍索尔（Southall）的锡克庙，并用吉他为孩子们编歌。“这是一个很棒的工作，”他说，“无论如何，我感觉我找到了一份可以做我想做的事情的工作，而且它提供薪水。”

当然，这份工作是有最终结果的。雷恩希望孩子们掌握知识和技能，学会合作，扩展他们的同情心。但是，他的工作也有内在的回报。我们中的许多人，也像雷恩一样，从我们为了谋生而去从事的工作中获得了充实感。

我应该明确表示我不是只在谈论工作可能带给我们的任何不愉快。果 70
戈理（Gogol）所写的《外套》（*The Greatcoat*）中那个温顺的职员阿卡基·阿卡基耶维奇（Akaky Akakievitch）很喜欢抄写文件。他在抄写私人信件的过程中感到很快乐，尤其是抄写他最喜欢的那些信件。当他开始做这些工作时，他的喜悦反映在他的脸上，他笑得合不拢嘴。

这个故事的主人公在抄写信件的过程中内心是喜悦的，但反复抄写信件是一项有内在价值的活动吗？

暂且不管人们怎么评价这个职员，但肯定没有人会说折磨囚犯是件有价值的事情。然而有警察用水刑折磨疑似恐怖分子的人，让嫌疑人感觉自己快要被淹死了。做这件事的警察有可能会喜欢自己这份工作。虐待狂是存在的。

让我们再回头谈谈雷恩。至少他的工作使他感到充实。而且他是自己选择了这份工作，这在我们这个社会看来是不足为奇的。我将这种个人自己选择的工作称为“自主的工作”（autonomous work）。

这不能与“工作中的自主”（autonomy in work）相混淆。我们中的许多人更喜欢那种自己拥有发言机会的工作。虽然这通常被称为“自主”，但它应该区别于我所使用的“自主的工作”这个术语。一名保险公司的经理可能在如何开展工作上有很大的空间，但是，这个经理不像雷恩，她可能不会将工作看成一种内在的享受。她做这份工作只是因为它的薪水不错。在我看来，这是“他律的工作”（heteronomous work），而不是“自主的工作”。

2

“他律的工作”不是个体主要的内在目标，个体是出于某种原因而不得不去做这类工作的。也许是上帝让你去做某份工作的，也许你不得不像奴隶一样从事它，也许你做这份工作只是为了赚钱。作为一个在校学生，你努力学习也许是因为你的老师希望你这么做。

大多数工作都是他律的，这并不意味着人们不能享受工作中的乐趣。奴隶、工厂的一些工人，甚至是学校的一些教师可能很讨厌自己所做的工作，但其他人——执行上帝旨意的牧师、拥有高收入和各种额外福利的商人以及那些喜欢忙忙碌碌的办公室生活的秘书——则是自愿工作的。

如果所有提供薪水的工作都是自主的工作，那岂不是世界上最好的事情？问题是现实世界并非如此。排水沟必须有人铺设，公交车必须有人驾驶，地毯必须有人清洁。在现代社会里，有些工作几乎没有人想去做，除非人们不得不去做，他们才会做这样的工作（这样的工作必须有人去做）。一些他律的工作是无法避免的。但是，如果社会的理想是让每个人都过一种繁荣兴旺的生活，那就必须找到一个好的理由让“他律的工作”尽可能地与社会理想兼容。如何做到这一点？

从初步印象来看，受外界约束的他律的工作与自主生活的理想是背道而驰的。他律的工作占用了一个人的大部分时间，而这些时间可以用于那些有内在价值的活动。在这种情况下，这类工作对于增进个人幸福毫无益处。我们有充分的理由减少他律的工作。

71 如何减少这类工作在很大程度上是一个实践问题，而不是一个哲学问题，例如进一步扩大个人自主的空间。但是，这件事也涉及伦理。我正在思考工作、工作者的性格、受这类工作影响的幸福和受这类工作影响的人的特征之间的联系。

总有一些工作在伦理层面是被人排斥的，去做这类工作会有损人的道德情操。以保护的名义敲诈店主的钱就是一个极端的例子，任何把威胁他人作为手段以达到自己的目的的人所做的工作也都属于这一类。以不同的方式伤害他人也有损人正派的形象。在商业界，赚钱、管理、销售、做广告总是存在道德风险——这并不是说好的实践准则和其他的控制措施不能对其进行补救。

如果我们把目光从有权有势者转向无权无势者，从管理者转向被管理者，那么，（我们会发现）为了达到让人们过上幸福生活的目标而减少那些令人不愉快的、机械的、让人筋疲力尽的、既危险又无聊的工作的呼声是非常高的。在我们这样的社会，许多机械的、无聊的、危险的、令人筋疲力尽的工作都出现在生产商品（也包括生产“地位性商品”）和提供服务的领域。这类商品和服务其实就人们的需求来说是多余的，也是可有可无的，它们依靠大量的广告来引诱我们购买。这种铺张浪费的做法在社会中盛行，其背后则是海量的“他律的工作”在提供支持和保障。个体的幸福可能遭遇双重打击。消费主义的诱惑和压力会冲击消费者的价值排序，也可能导致生产者大半生都被劳动束缚。

为什么他律的工作对个人的充实感有不利影响？一个主要的原因就是它占用了太多的个人时间。对于今天仍然活着的大多数人来说，他律的工作支配着我们的生存。更广义地说，我们是为了工作而活。工作既贯穿一生，又日复一日。事实上，对于我们来说，几乎每一天要么完全是被这种工作占据，要么就是被有效地开展工作的先决条件——睡觉、吃饭、洗涤、排泄、放松、娱乐——占据。

几个世纪以来，工作是我们生活的中心，这已经成为英国文化和美国文化的显著特征，并从英国和美国蔓延到全球。它起源于清教徒的传统，这种传统在英美两国都很强大。它拒绝冥想或修道院式的理想的宗教生活，它提出的革命性的理念就是，真正的基督徒应当在日常工作中有出色的表现。在一生中努力地、坚持不懈地辛勤劳动一直被视为一个人属于“上帝的选民”的标志。它是获得拯救的象征。正如托尼（Tawney，1926）和韦伯（Weber，1930）所表明的那样，新教的工作伦理与资本主义的早期发展紧密相连。宗教的动机和经济的动机两者联手将新的工作信条注入社会结构之中。

在那个时代，“今生”没有“来世”重要，事实上，那个时代的人一
72 生的时间几乎都用于坚持不懈地努力工作了，它有一定的意义。现在，我们大多数人都相信我们的生命只有一次，我们生命中的每一个小时、每一天、每一周都是那么珍贵，这就是我们所拥有的一切。如果充实是重要的，那么只有当我们自己可支配的时间有所扩充时，它才会出现。这就是我们需要从根本上重新反思“工作中心”教条的原因。

教育领域的议题

学校是工作的地方还是学习的地方？我们回到第 3 章中提过的议题。这两个部分可以分开：并不是所有工作都涉及学习，反之亦然。在生活中这是对的，在学校中也是成立的。

像整理信件、打扫办公室、在呼叫中心接电话和打电话这类最机械的工作可能不会带来任何新的知识。社会上的确有大量工作，但是一个人在做这些工作时没有学到什么东西。同样的事情也可能发生在学校。过去的学校充斥着大量机械性的学习，比如学校要求学生死记硬背，花大量时间做乘法练习题，而现在学校的课程表上则列满了令学生头脑麻木但没什么真正益处的活动。

与之相反，在生活中，我们完全不用像在学校那样辛苦地学习就可以获得各种各样的知识和理解很多东西。你告诉我，你只花了 3 年的时间在哥伦比亚练习英语。我偶然听了梅尔文·布拉格（Melvyn Bragg）的《在我们这个时代》（*In Our Time*）的广播节目，听到了关于埃德蒙·伯克

（Edmund Burke）的各种事情。在能够从事任何生产活动之前，婴儿通过看和听了解世界。学龄前儿童把学习说话、骑踏板车、开门等事情作为他们日常玩耍和社交活动的一部分。在学校，教师通过给学生讲故事以及让学生自己看书并沉浸其中来让他们了解人性和发展他们的同情心与想象力。

我们都知道这些事情，但是一涉及学校应该做什么的时候，我们就很容易忘记这些事情。传统限制了我们。学校一直被视作学习的地方，也一直被视为让学生在实践能力和智力上都适合“为了工作而生活”的地方。那些将学校看作不停忙碌的工作场所的人绝没有卫斯理走得远，正如我们在第 3 章所看到的，卫斯理指出：“我们不允许学生在任何一天有任何一点玩耍的时间。”他们不但责骂那些通过让学生玩耍来进行教学的小学教师，而且对那些在中学提倡这种教学法的教师责骂得更狠。

如果我们想要使学校成为激发有价值的学习的地方，我们就应该坚守这一目标，不让其他目标也来学校占据一席之地。这些目标中最有力的代表是卫斯理和他狂热的追随者所传播的新教伦理。如果你认为工作是生活的中心，你将把学校看成工作的发源地，你将满足于密密麻麻的课程表、
大量的家庭作业、为公开考试竭力学习，你会希望教师在工作时像学生学 73
习时一样努力，并将教师树立为榜样，告诉学生有价值的人生应该这样度过。

“工作中心”的信条从 19 世纪开始影响教育政策，现在仍然如此，这并不奇怪。那些政策制定者比如政治家、管理人员、学校领导等，他们自己就接受过这样的教育，又通过这样的途径获得了后来的成功。他们同时也获得了那些希望自己的孩子在学校有好的表现、通过刻苦学习以便将来能够找到一份好工作的父母的支持。

同样地，正如本书所指出的那样，如果需要重新反思工作在繁荣兴旺的生活中的地位的话，那么同样需要反思其在学校中的地位。如果有价值的学习高于勤奋，那么我们需要思考哪种方式最能促进有价值的学习的实现。掌握某种知识或技能在很大程度上需要借助角色扮演的方式：不画画的话，你是学不会画画的；不解决问题的话，你是学不会用数学思维思考

问题的。如果学校的工作涉及有意识地生产某种产品，那学校的活动就包含很多细节，比如写信、写论文、做实验、设计学校的校徽，其中一些可能是有内在价值的活动的例子，而有内在价值的活动或许可以取代工作在繁荣兴旺的生活中的中心地位。即使其他像写信之类的活动不是繁荣兴旺的生活的构成要素（除非成为像阿卡基耶维奇那样以抄写信件为乐的人），它们也可能是一个人过上繁荣兴旺的生活的必要条件。

但是，教学活动应该在学校生活中如此突出吗？学生通过看电影，听音乐，阅读令人愉快的和充满想象力的文学作品、传记与历史著作，讨论有争议的话题，浏览网页，在乡间漫步，参与他们觉得有趣的项目，能够学到多少东西呢？（我没有假设他们在做这些事时无人指导）我不知道答案。然而，如果我们处在工作在生活中逐渐从中心转移到边缘的文化变革之中的话（这似乎也是有可能发生的），那么这个问题是值得探索的。

杰克（Jacko）使我想起了这一切。他不是巨星，而是贾科泰（Jacottet）老先生，他是我读中学（高年级）时教我法语的教师。他在工作上干得很好，更难能可贵的是，他在工作之外，在和我们谈论起他记忆中第一次世界大战的战壕时所展现出来的人道主义精神以及对身边的社会不公正现象所表现出来的真正的社会主义情怀。遗憾的是，在我读中学时期，我所经历的这样唯一一次无主题的自由讨论在学校里几乎是空白。也许这样的讨论在今天仍然是非典型案例，但我还是很羡慕现在的一些年轻人，他们被鼓励加入关于性、政治、媒体的影响、全球变暖、生命的意义等主题的有组织性的对话。

我也羡慕那些原生家庭条件优越的学者或者其他人，当采访者问到他们的早年生活时，他们会谈到当年是如何被迫长时间待在家里，并以阅读他们父母所收藏的大量图书的方式来打发时间的经历。我早年也爱看书，但我并非来自条件优越的家庭，我直到上小学才知道有狄更斯这个大文豪。11 岁以后，当我转到坚定地奉行“工作中心”原则的文法学校时，我不记得自己在那里快乐地读过什么书。即使到了今天，我仍然像一个受过良好教育的工作狂，我需要在反复权衡利弊之后才开始阅读一本小说。对我来说，工作仍然是最自然的事情。

如果学校能更好地平衡以工作为基础的学习和不是以工作为基础的学习之间的关系，那该多好！如果学校能做出更多的努力来消除那些既不涉及工作、也不涉及学习和娱乐的“灰色”时间，那该多好！

电影俱乐部（Film Club）为我们指出了前进的方向，其网站上有以下文字：“这个由政府支持的计划，让学生和教师有机会在课后探索电影世界。”电影俱乐部推出的这种新的在线学习方式，为我们在学校的标准课程之外找到了一种也许是 20 世纪以来最伟大的学习艺术的新形式。下一个里程碑式的进展，将是像电影俱乐部这样的在线学习活动受到学校课堂教学的欢迎，并且不再被遗忘，不再因为几乎与学校无关而被拒之门外。

教学活动在学校教育中发挥着重要的作用。根据前面一章的讨论，置于优先地位的要点应该是建立在自主权基础上的多样性。要让学生参加他们愿意参与并且也乐在其中的那些具有创造性的活动，不论它是解决代数问题或者是设计家具，还是以社区为基础的合作项目。在这些活动中，学生不但为自己将来的幸福铺平道路，而且他们在参与这些活动时也在体验着充实的生活。

然而，学校有很多课业活动并不是这类活动，学生们的所作所为不是自主的，而是他律的。在一个诸多课程都是必修课、工作伦理四处弥漫的体系中，事例到处都是，不需要一一列举此类例子了。我们应当减少那些强加给年轻人的非自主性的工作，因为这类工作会使他们的性情向怨恨或听天由命的方面发展，而不是让其觉得充实。

教育应该是以工作还是以闲暇为目的？如果我们说的是广义的“工作”，那么之前的观点已经揭示了工作与闲暇相互排斥是一个错误的假设。以提供薪水的工作、职业和事业为目的的教育怎么样？对于这个问题，人们可以专门写一本有关教育目的的书来表达不同看法。但是，我们在这本书里通过“幸福”这个视角来看学校，我们能看到什么呢？又将说些什么呢？

这真是一个大问题，它又部分地依据一个假设：提供薪水的工作在人的一生中占据了大量时间，不同工作之间有地位差异。我们是否需要反思这个假设？我将在本书第二部分进一步讨论这个问题。

这里，我只有两个相关的观点要阐述。第一个是关于“人生规划”（life planning）。英国国家课程的“关键阶段 3”与“关键阶段 4”（面向 11—16 岁学生）有“经济福祉和理财能力”这门新学科。该学科将“职业”作为最重要的“关键词”。它强调要“让学生理解每个人都必须有一
75 份‘职业’”（这是它的一个教学目标）。这门学科把“职业”解释为“通过学习和工作获得个人发展”。但是，每个人都有一份职业的说法对吗？每个人都应该有一份职业吗？即使绝大多数人都在争取一份职业，职业就是充实的生活不可或缺的一部分吗？年轻人是不是都应该相信他们应当利用在学校的时间和机会去规划他们未来要从事的职业？

这涉及一个更宽泛的问题。一些哲学家认为，从广义上讲，人们必须尽早为未来繁荣兴旺的生活进行筹划。我们都知道有的人就是这么做的，比如，有的人在 16 岁时决定将来当牙医，在 40 岁之前在伦敦西区因自己领先的临床技术和在外科领域的创新而在同龄人中获得赞誉。问题是，人生规划是个人幸福不可或缺的一部分，还是说它只是那些喜欢用这种方式把事情提前安排好的人的一个选项？

我在前面谈到了世俗时代里宗教的阴影。这里我们又遇到了另一片阴影。根据传统新教的态度，规划自己的人生是一项强制性的要求。你的生活不是你自己的，而是上帝的；你有责任充分利用你在世界上的时间，你的职责是发现上帝赋予你的才能，听从上帝或职业的召唤，围绕这些把你的才华发挥到极致。

但是，宗教框架之外的人生规划就必定是件好事吗？贝姬（Becky）在上中学时因为她父母的催促而为了考试努力学习，以便能够考上一所好大学和学习像医学、法律这样的好专业，将来能够找到一份待遇优厚的工作和过上舒适的生活。后来她也确实选择了法律专业，在杜伦大学

（Durham University）专修最能赚钱的“就业法”，并且顺利获得了学位。然而，8 年后，她发现自己对这个行业枯燥的工作方式感到厌倦，于是她放弃了这个行业转而成为一名小学教师。

人生规划不但可能变味，而且它似乎不是实现充实的生活唯一的途径。以马特（Matt）为例，他也曾是一名小学教师，有着多年工作经验，一度很热爱这份工作。但是，他从未使用过他在索尔福德大学（Salford University）取得的数学学位。后来他辞职离开了学校，到纽基（Newquay）的一家咖啡馆工作，并和冲浪者待在一起。一两年之后，他跟随一个女孩子去了厄瓜多尔（Ecuador），在基多（Quito）教英语，并为好奇的美国人安排丛林旅行方面的事情。他享受他现在所做的一切，享受这种悠闲的、活在当下的生活方式。

如果像马特这样自发地生活可以过得很好，而像贝姬那样计划着去做某事却没有做成，那么父母和教师应该如何对待人生规划呢？他们应当鼓励年轻人去规划人生，同时又引导年轻人比贝姬更敏锐地意识到那些可能存在的不协调之处吗？他们应当让年轻人通过讨论或者通过阅读相关小说和传记来看到这两种方式的利弊吗？又或者是父母和教师本就不应该参与进来？

100 年前，在像英国这样的国家里，大多数人既不可能制订生活计划， 76
也不可能让自己的生活陷入杂乱无章的境地。正如劳工阶层通常注定要去做一些事情一样，大多数人进入煤矿、农场、工厂、商店工作。对于一些有理想、有抱负的人来说，他们能意识到潜在的机会，因而提早规划对于他们很有效，但即便如此，也只有那些非常富有的人或非常大胆的人才能最终掌握自己的命运。

教师和父母对“人生规划”有何反应，某种程度上取决于就业模式和生活质量。在本书第二部分中，我将对此进行反思。如果我们围绕着“促进每个人的幸福”来展望未来的话，那么我们的社会和我们开展教育活动时在背后起作用的学校体制，也许就会对人生规划不那么感兴趣，而是对此刻的生活给予更多的关注。

77

第 10 章　过一种美好生活：论幸福与道德规范

1

正如我们在第 2 章所看到的，“美好生活”要么意味着道德至善的生活，要么意味着繁荣兴旺的生活。在清教徒的传统里，不停地工作直接被当成一种道德责任——一个人再也没有第二种生活方式可选。在这个传统之外，正如我们所看到的，工作在繁荣兴旺的生活中的地位远没有那么鲜明。

现在让我们正面回应“美好生活”这个概念。个人的充实怎样与做那些道德上正确的事情相称？确实能相称吗？

传统的基督教一直主张要过一种道德意义上的美好生活。其他一些宗教的主张也是如此。作为必死的生物，我们应该是上帝之法机警的追随者。对个人的奖赏如果存在的话，那也只在天堂存在。从这一点来看，如果我们试图增进我们自己的幸福，如果我们选择不为上帝而活而是为自己而活，那就会被视为堕落，进而成为上帝的“弃民”。

不信仰宗教的人也可以高度重视道德至善，例如，那些全心全意地投入社会正义或者保护动物权利的事业之中，并认为其他生活方式都是很自私的人就是如此。

宗教版本和世俗版本的美好生活似乎都依赖这样一个假设，即我们做出某种行为，要么是出于道德的原因，要么是出于自身的利益，只有这两种动机来源。这种假设合理吗？

周末，当最后一本“哈利·波特”系列的书出版时，医院急救中心的就诊人数骤然下降。孩子们都选择待在房间里看书，而不是出去骑自行车和滑滑板车。他们这样做的动机是什么呢？很少有孩子是想着增进自己的幸福，也很少有孩子是出于道德方面的原因而去读这本书。我猜测 99% 的孩子只是想知道书中的故事是如何展开的。他们的理由是内在于活动的，而不是外在于活动的。

因此，认为做出某种行为要么是为了道德、要么是与增进自己的利益相关的观点并不对，情况比这些更复杂。除了这两种范畴之外，还有其他原因。

再举另外一个例子。假设有这样一个人，他也相信吃甜食对自己不 78
好，但总是经受不住诱惑而去买甜食。显然，他这样做不是出于道德的原因，也不是为了自己的利益。他只是屈服于一种强烈的欲望，而当时又没有别的目标驱使他。这样说来，你可以把他与那些读“哈利·波特”的读者进行类比。由于很多读者已经读过了先前出版的几本“哈利·波特”，因此他们只是想看最近出版的这本。他们也是被当前的欲望驱动，并没有思考这么做是否会增进自己整体的幸福。

如果这是对的，并且也不是只有这两种类型的动机，那么增进年轻人的幸福并不意味着鼓励他们设法成为第一名。假设我在第 8 章中对幸福所做的解释是对的，那么繁荣兴旺的生活便是这样一种生活样态，即成功地和全心全意地投入有价值的活动和关系之中。因为它们将会使你的生活繁荣兴旺，所以你不需要瞄准繁荣兴旺。你可以被活动和关系自身的特性所激发。就像“哈利·波特”系列图书的读者希望知道故事接下来的走向一样，在我们中间可能有人想要花点时间接待一位来自智利的老朋友，或者想看看自己种下的豌豆发生了什么变化，或者激发小学生对那些我们正在教他们阅读，但他们现在难懂其意的诗歌产生兴趣。所有这些事情可以让我们的生活更加充实。在任何情况下，我们在做这些事情时，头脑中都不需要有一个指向自身利益的目标。

如果这是对的，那就不可以轻易去下以下结论，即无论我们做什么，我们要么是为了道德，要么是为了自己的利益。这两种动机并不能穷尽所有情况。

2

上述论证也对我们是否应该反对将道德至善和个人的充实放在首位投来了质疑的目光。回到前面提到的那位小学教师，就她个人来说，她做教师这份工作时是充实的。一个主要原因是，她正在从事着从道德层面而言值得赞赏的活动，也就是帮助孩子们学习知识。在这个例子中，成为一个有道德的人与个人蓬勃发展是不矛盾的：它可以是个人蓬勃发展的一种形式。

这样下结论是不是太仓促了呢？有一种观点认为，学校里的教师缺少对学生发自内心的爱与关心，正是这些东西使一位教师的行为合乎道德。就这位小学教师而言，她需要一种不同的动机。她需要出于责任感去做事；在面对她的学生时，她需要因为一件事在道德上是正确的而去做它。

但是，我找不到任何好的理由来支持“责任感重于一切”这个观点。如果我是一位已婚的女士，我宁愿我的丈夫友好地对待我是因为他喜欢我，而不是因为他认为自己有义务这样做。孩子们可能也会在情感层面上更好地回应那些真正关心他们的教师，而不会喜欢那些受所谓的责任感驱使的教师。

79 从现在开始，我将在更加宽泛的意义上理解道德规范。道德规范与保护或增进他人的幸福有关。另一个说法是道德规范是利他的。但是，它排除了这样的观点，即某些行为在道德层面是错误的，但它们也不会造成什么大的损失。虽说一些事情现在不是什么了不得的大事，但我年轻时社会上的宗教氛围比今天浓厚，对一些问题的看法比今天要严苛得多。

道德规范与幸福之间的联系在那些基本的道德准则范围内也是很明显的。比如，人们认为说谎是不对的。在犹太教和基督教的思想框架内，这可以追溯到《圣经》的“十诫”之一，而且我们也有遵守它的责任。而在非宗教背景中，我们虽然还是会认为说谎是不道德的，但我们要看说谎的理由，比如，说谎事实上往往会妨碍他人继续过他们所希望的生活。说谎也使得他们更难以蓬勃发展。从这个角度看，那些熟悉的道德命令，比如要说真话、遵守诺言、避免伤害他者等，目的是使他人更容易过上充实的生活。

如果这样理解道德规范，那么我们就没有充分的理由认为道德规范必然与个人幸福不一致。对学生有爱心的小学教师的例子也表明这两者之间并不冲突。

我们是否已经走出了困境？道德规范和自我利益之间的冲突难道不是依然存在吗？有没有这种情况呢，比如，如果“我”做了对“我”有益的事，就有可能损害他人的利益？反之亦然？

法国著名的后印象派画家保罗·高更（Paul Gauguin）曾离开他的家人去南部海滨画画。我们应该说他离开他的家人就道德层面来说是不对的，但对他自己有益吗？这两者之间不存在最明显的冲突吗？

但是，我们必须以这种方式来描述冲突吗？我假设，并不是高更不喜欢他的妻子和孩子，他只是出于责任感才和他们在一起。又或许他非常爱他们，和他们在一起生活也是他充实的生活的一部分。他之所以会陷入两难困境，原因很可能是艺术更强烈地支配了他。

以这样的方式描述事情使得冲突成为内在于高更的幸福的东西，而不是他的幸福与道德规范之间产生了冲突。高更不得不在两种有价值的活动之间做出选择，因为它们不能同时进行。除了这个事实以外，还有一个更戏剧性的例子，其与上面的情况属于同类情况。假设有这样一个人，她因为时间紧张，放弃了健身活动的会员资格，以便把更多的时间留给其他事情。平凡的生活中充满了这样类似的冲突。

能不能用另一种方式去重新描述道德规范与个体的幸福之间存在冲突呢？假设你即将离开家去面试一份很棒的工作，作为一名蓝调歌手，你是这个行当里数一数二的人物。此时，一对年老的夫妇从你家门前路过，你并不认识他们。意外发生了：那位老先生倒在地上，死于心脏病发作，你前去安慰他的妻子，帮忙安排接下来的事情。结果，你失去了这个工作机会，不得不把它拱手让给他人。

80 这是一个只能被描绘成道德要求和个人利益发生冲突的案例吗？我不这么认为。如果你认为幸福是成功地参与有价值的活动的话，那么你所做的安慰那个老妇人的好事是可以计入你的幸福之中的。

但是，又该如何看待下面这件事呢？比如，在美国中部的一个小镇上，一个充满愤恨的辍学生闯入当地高中的课堂，准备开枪杀死他所怨恨的一位女教师。一名学生冲过去保护这位教师，结果这名学生被这个人开枪打死了。在这种情况下，至少从“后宗教时代”的视角看，利他主义几乎不能与对那个死去的学生有利的方面共存，毕竟其再也不能和大家在一起了。

确实可能会有像这样的利他主义必须和幸福分开的极端案例。但是，在大多数情况下，它们不必分开。对我们所有人来说，关系在我们的幸福生活中发挥着作用，而且通常是很重要的作用。为朋友、家人、邻居、同事甚至是陌生人做点事，并不需要我们付出多大的代价，即使这意味着暂停或放弃我们正在做的事情。当然，这涉及从一件事情切换到另一件有价值的事情。不过我们经常转向其他事情，即使当时并没有什么情况迫切要求我们去帮助别人。

3

除了关系，我们所参与的许多活动涉及为了共享某种好处而与他人合作的情况。这再一次质疑和挑战了利他主义和个人利益之间必有冲突的说法。管弦乐队的一位长笛演奏者希望音乐会进展顺利，这对她和她的同事都有好处——更不用说对观众也有好处这一点了。这样说并不是意味着仿佛可以把好处分别派送到每个人手上，对于其他演奏者来说，这种利他的好处也不可以从长笛演奏者那里单独分离出来。如果音乐会成功了，那么成员之间共享的那种幸福是不可分割的。

很多日常活动都适合这个模式，比如：以团队合作的方式建一间浴室，或照顾病人，或经营一份报纸，乃至种植蔬菜或者教育孩子。甚至当报纸破产或花椰菜枯萎之时，在一起合作共事的各种好处——认可对方或接受来自对方的认可，为同一项任务而共同努力奋斗、相互寻求温暖和安慰——还是存在。

与共享的幸福密切相关的是个人的品质或美德，我们珍视那些和我们共同从事某种活动的人。我们尤为看重与这样的人一起共事，比如那些思想独立、灵活、幽默、乐于倾听其他人的观点、愿意加倍努力的人。

谈到美德，对于我来说，像哲学家们那样将“美德”进行分类的做法似乎总是奇怪的，譬如，他们将“美德”分成类似于“节制”这样的“利己主义的美德”，或者分成像“诚实”“大方”这样的美德。考虑到我们生活中的那些社会活动的特点，一个人成为一位对他人诚实或慷慨的朋友或
同事，对他自身总是有好处的，正如从许多方面来说，如果我能合理地控 81
制自己的身体欲望，那么这对我自己也是有好处的。

我一直谈论的都是带有合作性质的活动，像教学和农业活动。这类活动的范围可以扩展到多大呢？

现在暂且想一想那些可以增进人们幸福的独立性更强的活动，比如写诗、看图片、听音乐、在有魅力的城市街头闲逛、骑自行车、观察自然、探究哲理、养殖大丽花等等。

所有这些事情确实由一个人就可以完成，而不像足球比赛或护理工作那样需要多人合作。但是，不能将这些由单个人完成的活动简单地理解为与别人无关的原子式的活动。写小说是进行艺术创作的一种具体的形

式，涉及传统、历史、行业惯例和卓越的标准。成为小说家就像是成为一名“学徒”，即成为某种社会实践的参与者。你的周围总是环绕着其他人，就像有一天如果你成为一名工程师或者一名律师，你身边总是有其他人跟随一样。他们并不是每天都和你见面，小说家在自己的屋子里独自工作，表面上看确实是这样，但她也在和一大批看不见的同伴——当代其他小说家、小说读者、教师、学习文学的人、出版商、评论家——一起工作，甚至与过去以及未来的作家、读者、出版商、评论家“打交道”。

只有当独自写作的小说家成功地和全心全意地投入有价值的活动之中，她的幸福才会得到增进。那么，这种有价值的活动是什么呢？小说家试图实现什么目标呢？

不引进某种共同利益是不可能描述这些的。即使她的主要目标是探索自己的内心生活以及自己意识的流动，她也必须得以其他人可以读懂她的作品的方式来写作。她至少要部分地考虑读者的兴趣和期待，并据此来塑造人物和组织材料。她也在某种小说创作的传统框架之内进行写作，其中就有普鲁斯特（Proust）、乔伊斯（Joyce）以及伍尔芙等人建构起来的小说创作框架。考虑到她是一名严肃认真的作家，她禁不住将自己的写作与这种传统关联起来。她的目标是在这种体裁下写出一部好作品（这种体裁将有助于作品取得好成绩），也许是以一种新的形式。她的任务也包括写出能与他人共同分享的作品。

虽然我一直在努力证明人们不可能把自己的幸福放在一个隔间而把其他人的幸福放在另一个隔间，我也不希望任何人从中推论出这样偏激的观点——画家们或自然观察家们必须要过一种有利他意识的生活，因为生活中还有其他价值也应该被我们所有人重视，比如真实、尊重他人、正义等常被称为道德价值的这些价值。我勉强称其为“道德价值”——而不是“谨慎”或“自身利益”方面的价值，是因为作为一个与他人一起追求包括“创建一个文明的社会”在内的诸多共同目标的公民，成为值得信赖的、体贴的和公正的人，既是谋求“你”之幸福也是谋求“我”自身的幸福时“我”和“你”必然应具有的品质特征。

4

我试图挑战一种传统的观点，持这种观点的人认为道德规范与个人利 82
益之间必然是相互冲突的。在当今这个“后宗教时代”，我们需要重新界定道德规范与个人利益之间的关系。当我们这么做时，我们看到，道德规范的核心是“关心他人的幸福”，而不是忠实地服从被认为是起源于神的法律。一旦发生这种转变，我们将会更容易看到，我们的许多活动或者大多数活动，将会给我们个人带来好处，与此同时，这种好处也会与别人所享有的好处紧密地交织在一起。此外，如果存在让我们对道德要求做出回应而结果似乎以牺牲我们自己的幸福为代价的情况，那我们就必须经常对这种有问题的道德重新做出规定，以避免引起任何不良后果。

这个讨论也揭露了传统观点的缺陷，即在传统意义上，人们认为道德规范本身就对人有磁石般的吸引力，而对个人利益的追求则是另一种可能的动机。这个观点的缺陷就在于一个人也可以被内在于活动的特点所激发。“后宗教文化”的意义便在于此。对于追求繁荣兴旺的生活的人来说，他们不需要将“过上繁荣兴旺的生活”作为目标。他们会发现自己深深地陷入有价值的关系和活动之中，结果自然而然地获得了幸福。对于那些想过上繁荣兴旺的生活的人而言，他们不必一定将其作为自己的目标，但如果他们这样做，那么就会产生这样的问题，即除了被描述过的内在形式的动机之外，这种动机会给个人带来什么高于它的好处和不同于它的好处？

此外，如果道德与关心别人的幸福有关，那么这种关心包含了什么东西呢？其一部分是和帮助他人满足他们的基本需求有关，一部分是和以下这个方面有关：保护他人免受进一步的伤害，比如被欺骗或者被抢劫，并能同情地理解他人各种形式的痛苦。此外，它还和在适当情况下能使他人参与有意义的活动和关系有关。而对于第三种类型的关心，我们必须小心地避免家长作风。我们不应该操纵他人去参加某种我们觉得对他们有益的活动。并且，我们不应该使他们认为，如果他们不去追求自己的幸福，他们的人生将是不成功的。正如我们所看到的那样，人们不必为了幸福而有这种动机。但是，除此之外，人们更应该自由地决定自己的生活意愿，即使他们明知自己会把时间花在没有价值的事情上。

教育领域的议题

如果学校把学生的幸福放在中心位置，这可能会使那些狂热地关注自己的前途并且在这条路上已经走得太远的人感到失望。但是，这种看待事物的方式存在几个误区。

假设一些教师确实鼓励学生去追求个人利益，他们也许会提醒学生，
83 外面的世界是一个严酷的、竞争激烈的世界。他们也许会敦促学生围绕着普通中等教育证书（GCSE）和 A 水平（A-Level）考试来选择课程，这样会大大增加学生将来获得报酬优厚的工作的机会。

学生获得普通中等教育证书和在 A 水平考试中取得好成绩，必定会增进学生的幸福吗？这些可能正在强化这样一种可疑的观点，即这些东西只能是有利于学生参与竞争。这些可能将学生导向他们所讨厌的课程，学生选择这些课程不是出于喜欢，而是出于未来的收益，教师有可能使学生错误地认为，为了过上一种幸福生活，他们必须立志成为领先者。

第一个误区是，如果学校要增进学生的幸福，那么就必须鼓励学生寻找他们自己的利益。

事实并非如此。如果学校使学生完全沉浸在某项有意义的活动中，比如听爵士乐，这对学生自己似乎是有益的。然而，这与“符合自身利益”

的呼吁完全无关，因为个体从事某项活动的动机是内在于该活动的。

第二个误区紧随其后。该误区的问题是其错误地假设个人幸福和道德至善是互斥的，对某一项的强调必须以牺牲另一项为代价。当一个人沉浸在爵士乐中时，有什么东西是与道德至善相冲突的呢？

道德至善对不同的人意味着不同的东西。一些人按照道德原则将道德至善和过一种正直的生活联系起来。这种道德原则也许是基于宗教，也许不是。其他人则不是出于什么道德原则来行动，而更多地是根据自己对其他人的爱、同情而行动。不论人们采取哪种视角，都很难看到沉浸在音乐中或者其他任何有意义的活动中的行为是如何弱化了一个人作为一种道德存在的。

它甚至可以增强一个人的道德倾向。如果我们从第二种意义上，也就是从利他的情感和行为出发来理解教育的话，那么，正如我们先前所看到的，学校可以引导学生去参加的许多有价值的活动都是合作性的活动，在这些活动中，“我”的幸福和“你”的幸福是密不可分的。管弦乐队的演奏、在科学实验或者在当地社区的医学项目中一起合作等经历，都是通过加强每一个孩子与他人的联系来进一步增进每个孩子的幸福的。

我不知道一个对别人漠不关心的人是否能够过上一种充实的生活，一些人认为这是可能的。比如，想象有一个完全沉浸在高等数学世界里的精神病患者，一方面他对高等数学有狂热的兴趣，另一方面，他对他的熟人乱发脾气。但是，无论一个人就这个话题谈论些什么，作为教师和教育家，我们必须有充足的理由站在这一边而不是另一边。关于个人幸福的概念在逻辑上也许可以、也许不可以排除利他主义，但是，学校却有必要使自身所使用的“幸福”的概念与“利他主义”难分难解地交织在一起。这是因为学校正好对学生的道德教育感兴趣，并且希望学生做出利他行为。原则上，学校可以将道德教育从学校工作中单列出来，作为一个单独的类别来增进每个孩子的幸福，但是鉴于我前面已经提到的原因，这样做会面 84
临非常大的困难。在任何情况下，我都想不出学校有任何看似合理的理由希望这么做。

如果存在有价值的活动的话，那么帮助他人保持身体健康、摆脱贫困、享有免于压迫的自由、过一种有趣的生活等都是有价值的活动。同样地，根据第 8 章中的论点，这些活动对那些参与这些活动的人有益（假如他们热情地投入其中并取得成功）。对于一位想成为一名医生而选择科学专业的高年级学生和一位在参加海外援助活动时被激发出爱国意识与公民意识的小学生来说，情况也是如此。

“公民教育”是国家课程的三个主题之一（其余两个主题是“宗教教育”和“个人幸福”），它直接与道德教育有关。这三个主题和其他项目一起，直接和明确地涵盖了如何培养学生的道德品质或利他态度、如何对其予以强化等问题。其他学科也都涉及这些内容，只是如同在教育学及学校中一样，它们的地位没有那么突出。

学生们从这些不同的来源中有可能获得一种什么样的关于道德及“道德和个人幸福之间的关系”的认知？这是一个经验性问题，对于这个问题，我并没有答案。但是，我愿意打赌，学生们的认知并不总是十分清晰明确的。

在 20 世纪后半叶，在校学生一定经常困惑于“成为一个道德至善的人意味着什么”和“如何才能成为一个道德至善的人”。尽可能多地为别人做事是一个人的职责吗？或者说处理好自己的事就够了，只要不去说谎、骗人、身体上攻击别人或精神上虐待别人就行了？换句话说，一个人的道德水准应该是最高的还是最低的呢？

在 20 世纪上半叶这段时间，有组织的基督教在英国快速衰落。学生们接受的是这样的教育：认为杀人、伤害人、说谎、不守承诺、刻薄或淫荡等都是错的。学生们知道他们应该原谅做坏事的人和帮助那些处在困境中的人。但是，现在这些准则正在变得过时。我们这些成长在 20 世纪中叶及以后的人，仍然有强烈的责任感去做好事或者避免去做坏事。当我们做错事时，我们仍然会感觉与过去的人们怀有同样的愧疚之情。但是，与我们这个时代相适应的准则系统是什么？对于不信神的人来说，这套准则系统的基础是什么？

现在，我们已经进入 21 世纪，旧日的影子仍然和我们在一起。一些学生仍然从他们的宗教中获得一整套做人的道德规范。那些不那么相信宗教的人和完全不相信宗教的人的成长则是出于对道德遗产的接受。但是，文化正在发生变化。在 1950 年，人们如何思考道德这一问题时还没有遭遇重大挑战的迹象，而在 2010 年，一个强有力的替代方案早已在发挥作用。这种替代方案很少用责任、准则、原则这样的词语来解释我们与他人相关的伦理生活，而较多地将这类生活建立在一个人从小就被灌输的那些性情，比如善良、友好、乐于助人、信任、宽容、公平等基础之上。

这个替代方案没有在“个人幸福”和“利他主义”之间划出明显的界 85
限，它承认很多本质上对我们个人有益的事情（比如成为一名教师），也同样对他人有益。世界上的事情经常是这样的。

学校需要清理一下自己在伦理的“前线”给学生提供的是什么样的“思想武器”。目前这种彼此间缺乏协调性的“思想武器”是无用的。除了那些最有眼光的学校外，几乎在所有学校里，学生们对自己应该如何对待他人以及自己的所作所为如何与自己的幸福关联起来，很少进行深思。学校不应该传播混乱的思想，相反，学校的职责是给黑暗的地方带去光明。学校可以从个人幸福、公民、校风、文学、历史和其他学科的伦理部分中挑选出三四个或更多的选项作为道德教育的资源，学校有责任使这些课程选项产生合力，澄清学生们思想中的混乱，并给予学生们思想上的启蒙。

86

第11章　有洞悉幸福的专家吗?

1

个人充实的生活源于成功地从事有价值的活动。我在第8章中已论述过这些有价值的活动与个人的偏好无关。但是，这两者之间无关的理由是什么呢？幸福是由客观因素决定的吗？如果是这样，客观因素作用于幸福的机制是什么？

也许是通过生物机制？繁荣兴旺对于不同的物种来说有不同的样态。如果周围有树木可供攀爬，猫可以爬得很好，但是大象就绝对不会去爬树。由于人类与其他生物的生理构造不同，因此，虽然人类与其他生物之间共享了某些幸福要素，但是另外一些幸福要素则不能共享。考虑到这一点，那么列出哪些活动是我们人类专有的有价值的活动就没那么困难了。我们喜欢锻炼身体。如果我们是由别的东西构成的，那么体育锻炼可能就对我们没有什么吸引力。同时，我们也是有社会性和性本能，特别是有自我意识的动物。因此，我们赋予亲密关系很高的价值就不足为奇了。猫可以看见物体和听见声音，但是它们缺乏人在看和听时所拥有的自我意识。它们不能描述自己所看见和听见的东西，也不能区分出那些特别令它们愉快的景象和声音，但是我们人类可以。这是我们迷恋自然美景和艺术的基础。莫尔岛上的海鹰在它们的巢中照顾它们的孩子，它们从羊的尸体上撕下肉，然后喂幼鸟，直到这些幼鸟学会捕食为止。我们人类的行为很少受直觉驱使，更多地是根据预见来做出判断，在运用我们的理性养育我们孩子的过程中产生充实感。虽然其他一些动物的天性中也有好奇心，但唯有人类所拥有的是更高级的、立足于自我意识的好奇心，其使得我们人类（而不是动物）能够打开通往历史、数学、心理学和所有其他知识分支的大门。

人类幸福至少要部分立足于人类的本性。我们也可以在人类的基本需求中看出这一点。如果我们没有现在这种身体结构，如果我们是锡人（tin people），我们就不需要氧气、住所、衣服、食物和饮料。

问题是我们能否基于我们是何种生物的事实，引申出什么事物有助于
我们繁荣兴旺地发展？例如，我们能把友爱和对音乐的热爱建立在人性的 87
基础上吗？这很难。我们是社会性的动物，但社会性的动物既有施虐的能力，也有爱他人的能力。我们有耳朵，我们能听见声音，我们能够区分出喧闹的、令人头疼的声音，也能区分出悦耳的声音。有价值还是没价值取决于我们天生的能力。

我们需要为“为什么一项活动是有价值的”找到一个更坚实的基础，看其审美价值可能会有所帮助。审美价值包括声音和景象纯粹感性的美，以及与平衡性、对比性和复杂性有关的各种品质，还包括与人性关怀直接相关的品质，比如表现力、幽默感、对人性的深度洞察等等。

这些价值的基础是什么？它们不是简单地被个人偏好所规定的东西。虽然不同的人可能对它们的重视程度不同，但是它们独立于个人的倾向而存在。借助于刚刚给出的原因，我认为它们的吸引力也不是源于我们人类的本性。

它们是在艺术作品和其他审美对象所在领域中能干的评判者所发现的品质。这些品质不因任何人的倾向而转移，它们是独立存在的。并不是每个人一开始就能意识到它们。我们需要在实践中去习得这种技能。经验丰富的评判者可以给予我们指导，例如，指导我们欣赏一首关于云雀的诗中一句令人印象深刻的长句所体现出来的旋律的延展性。

目前审美价值的内容的丰富性很大程度上是过去几个世纪以来累积的

产物。当然，我不是说现在这段时间以来其一直是静态的，实际上这期间不断地涌现出新的、更高的价值标准。某些价值和其他一些价值合并和重叠，形成新的、独立的、值得欣赏的品质。许多变化都是通过引进和发展出新的艺术形式而产生的。

下面谈谈过去 3 个世纪以来小说这种艺术形式的演变轨迹。以“一本好的小说的特点是什么”这个问题为例。在 3 个世纪以前人们不可能去问这个问题，只有当小说已经发展出多种形式并形成很多小说类型时，有关小说的更具体的价值才开始进入人们的视野之中，例如，那些写得很好的侦探小说所具有的独特的价值。音乐也已经发展出了多种形式和流派，其中既包括古典音乐，也包括流行音乐。园艺已经成为人们审美兴趣的焦点。电影现在是一种新的艺术形式，有自身衡量优秀的标准，其与戏剧、其他视觉艺术和对自然的审美兴趣有交叉之处。

不需要举更多的例子，重点应该是很清楚的。审美价值是外在于人的。它们只有作为有历史感的文化产物才能被理解，这并不是说，一旦存在，它们就不能超出它们得以产生的那些文化条件而存在。它们是可以超出这些文化条件而继续存在的。莫扎特赋予古典音乐的那些新的品质并没有随着 18 世纪的君主政体的灭亡而一起消失。审美价值在源头上是文化产物的事实，并不意味着其要与某种特定的文化条件相关。

88 审美活动在宽泛的意义上指出了一条导向有价值的活动的道路。临床心理学家的工作在 20 世纪之前是人们不太了解的一种工作，利用电脑上的服务平台工作在 21 世纪之前也是闻所未闻的。这些都可以成为让人觉得充实的工作，也都具有各自特有的价值。泛泛地谈如何帮助别人、如何掌握知识和智慧地应用知识等，不会有什么独特之处。但是，一旦它们采取了某种特殊形式和特殊的结合方式，那就会变成独一无二的。

过去的两个世纪中产生了各种类型的工作，其中大部分工作在前工业化时代是闻所未闻的（也产生了大量不能给人带来充实感的劳动形式）。回溯一个世纪前或两个世纪前人类的生活，你会发现今天人与人之间的亲密关系也同样发生了令人印象深刻的变化。现代的婚姻观点是，婚姻是双方基于爱情而自由地结合在一起，而对于 16 世纪和 17 世纪清教徒而言，人与人之间要友爱是其根深蒂固的信条。这种为了婚姻而恋爱的模式又进一步产生了相应的变化形态，比如：同伴婚姻、开放的婚姻、稳定的未婚伙伴关系等。

各个行业都在讲述一个类似的故事。想想在此期间，体育和户外活动中涌现出多少发明和变化。想想从家居、园艺、国外旅行到学术研究、教学、社交、抚养孩子等方面的种种发展。

当我回想起过去 300 年左右所发生的种种变化，我一点也不惊讶。在此期间，关于生活不是一个阶段接着下一个阶段，而是每个阶段都有其内在的意义的观点已逐渐占据上风。

个人生活的繁荣兴旺，并不像市场专家和别人让我们相信的那样，是个体的欲望得到满足的问题。它的构成要素和我们特定的欲望无关。它们在作为个体的我们之外，主要是由其所处的文化创造出来的。

有没有一些摆脱了文化之网的约束的价值，即更加直接地依赖于我们所创造出来的形式的价值呢？我们喜欢听鸟叫、闻花香、在阳光下漫步等，“更新世”时期的人也能够享受这一切——即使他们不可能享受到在网上看电影或者参加俱乐部带来的乐趣。

我不想否认我本人并不是很了解“更新世”时期的人的生活样态，虽然我猜想，也许那个时期的人可能不像我们现代人在上述例子中所表现的那样悠闲和懒散。在我们自己生活的这个时代，这些享乐往往比它们看上去受到更多习俗的约束，比如，古代人闻闻野花很简单，不像我们现代人喜欢闻鲜花的芬芳，非得把鲜花用绿带子扎起来，然后放到客厅的花瓶中才行。

和审美价值一样，生活价值一般而言也与形成它们的文化无关。我们可能把基于感情的婚姻制度归功于清教徒，但这种婚姻制度对于我们来说仍然很重要，尽管现在它的宗教内涵在很大程度上早就被人遗忘了。

89

2

如果在“对我而言什么才是繁荣兴旺的生活”这件事情上，个人不能做出权威性的判断的话，那谁又有这个资格呢？文化有可能催生出有价值的活动，但也“生”出了几乎没有什么价值的活动，比如像玩彩票、有严重负面价值的活动——奴隶制、童工在矿井中劳动、吸毒。文化也让我们陷入被误导的幸福观念——快乐主义和“欲望－满足论”，这些我在前面已经讨论过。也是因为文化，我们中的很多人都对“美好生活是什么”感到困惑。谁能带领我们走出迷途？伦理专家又在哪里？

扮演类似角色的大有人在，比如生活方式顾问和个人顾问：报刊记者、卫生制度的传播者和推动者、瑜伽课教师、心灵鸡汤类畅销书作家、身穿藏红花色长袍的皈依者、新的信仰方面的年轻导师、放大我们的人生困惑以便带领我们回到耶稣身边的主教。

哲学家呢？好像有点指望不上。哲学家是不是被归为虚假的救世主之类的人呢？因为哲学家开出的方子并不针对任何特定的人，所以他们不能声称哪些生活愿景更优越。他们不能告诉你为什么要选择这种生活方式而不是那种生活方式，比如是虔诚地信仰宗教还是回归世俗生活。哲学家所做的工作是提供关于“幸福”的一般性概念，而不关心个体如何追求自己的幸福。

我认为这基本上是正确的。哲学家队伍中可能也有善开空头支票的人，但很少。哲学家对概念化的结构以及论证的方式到底合不合理感兴趣。一些人发现他们需要让思想得到澄清，哲学只是在这里可以发挥作用。我从我自己的经验中了解到，作为一个年轻人，揭示深奥难懂的学术性的哲学问题可以让人获得多么大的思想自由：那些让我的头脑十分混乱的漩涡被消除了；那些萦绕在我内心世界的思想观念，在此之前不是与这个问题扯不清，就是与那个问题纠缠在一起，不知道怎样才能找到它们的合适位置，而通过哲学的澄清，思想豁然开朗了。

在夏末的夜晚，那些蜜蜂、黄蜂、苍蝇、飞蛾、蜻蜓，甚至一度还有一只美丽的孔雀蛱蝶，飞进我工作的地下室之后，怎么也找不到飞出去并飞回花园的路。我关掉灯，把门开得更大些，打开外面的庭院灯，把这些飞行的小精灵们引向自由之路。哲学也可以做到这一点。它可以向你展示走出混乱的途径，这样做能够让你获得自由。哲学不做或者不应该做的是告诉你具体的飞行方向。正因为如此，哲学不同于其他指南。

那么，谁是洞悉别人繁荣兴旺的生活的专家呢？我们可以求助于他吗？没有人可以为你制定详细的、具体的、最好的个人生活方式。但是，的确存在如此之多的蓬勃发展的方式以及多种形式的带来幸福的事物，而我们需要做的是用慧眼选择它们。

但是，从更一般的意义上说，有没有洞悉个人繁荣兴旺的生活的构成要素的专家呢？艺术可能再次给我们启示。尽管评论家之间存在分歧，但客观性在他们的领域中还是会起作用。他们的判断总是被人们质疑，总是随时要接受被更好的判断替代的现实。 90

我意识到这是一幅理想的画面，而实际上批评性的判断并不总是遵循这种清晰的模式。但是，有很多评论家对于他们所在领域的作品的优点和缺点给出了论据更加充分的论述。他们将自己归为艺术共同体的严肃的拷问者。

他们的共同体都有各自的历史。在过去的 200 年到 300 年内，相关专业知识都建立在文学评论、音乐评论和其他领域的基础之上。专业知识中的大量观点能够帮助今天的人们去形成自己的判断。

在做出这些判断时，有些人所处的位置比其他人要好很多。一个从来没有读过俄罗斯诗歌的人，去评价普希金（Pushkin）的《青铜骑士》（*Bronze Horseman*）的价值，跟那些多年研究普希金的《青铜骑士》的业内公认的专家相比，无疑前者处在更加不利的位置。而我作为这个领域的业余爱好者，虽说不能与后者竞争，但肯定可以比前者做得更好。

这给了我们一个模板，借此模板我们可以将人划分为 3 种类型：外行、普通的内行、更权威的内行。而从更一般的层面上说，我们是否可以用这个模板来看看哪些人在判断幸福的构成要素方面更内行、更权威呢？

先说完完全全的外行。例如，几乎每个人都会有获得友谊的体验，但是，就一些活动（甚至是大多数活动）而言，我们都是外行。我对波斯音乐一无所知，你对化学工程一无所知。在内行和外行之间，我们还可以发现存在各种各样的等级。在这里，社会阶层是一个重要因素。我的岳父大部分时间在修理汽车，他 70 岁时开始喜欢视觉艺术，后来顺利通过了 A 级艺术考试，并且痴迷于特纳（Turner）等艺术家的作品。无论是过去还是现在，英国有许多劳工阶层的人对大部分文学、严肃音乐、视觉艺术、科学、历史以及有很高报酬的专业技术工作一无所知。可能只有很少的人是完完全全的外行，但是有很多人（可怕的是有太多的人），其视野是极其狭隘的。

谈到更权威的内行，有与艺术领域的评论家大体相当的幸福领域的专家吗？ 正如我们在第 3 章了解的，穆勒认为，智力活动和审美活动给人带去的精神上的愉快的价值要高于其给人带去的身体上的愉快的价值，因为那些了解这两种愉快的人明显更喜欢前者。基于几点理由，这个论点是很牵强的，不太让人信服，至少它还缺少经验性的证据的支持。如果它是合理的，我们就应该能在识别某些人对特定生活的繁荣兴旺所做出的判断是否权威这点上取得进展；我们将明白，过着精神层面愉快的生活的人比不喜欢精神生活的人的幸福指数更高。

幸福不同于艺术，就幸福而言，似乎不存在相对容易识别的幸福评论家团体。并不存在了解繁荣兴旺的生活的构成要素的专家团体。当然，正
91 如我刚才说过的，有很多所谓的人生导师，但是没有好的理由让我们相信他们。

穆勒认为有些人在了解与幸福有关的事物方面比其他人处在更好的位

置，他的这个观点是对的。那些既不懂爵士乐和滑雪，也不懂什么是亲密的友谊的人，或者职业是兽医的人，与懂这些活动的内行相比，显然是处在一个更糟糕的位置。能说出关于幸福的构成要素的最权威的观点的人，存在于那些广泛地熟悉各种各样的事物的人之中。

与权威距离最近的，是比被严格细分的专家共同体更加散漫的一群人。他们不仅必须在那些有价值的活动的主要领域有一定的经验，而且必须对思考究竟是什么构成了繁荣兴旺的生活有兴趣。他们必须是这样的人，即对人类生活的某些部分有着真实的体验，既有一些关于这些事情的知识，也有做出思考与判断的自由精神。一些人以一种比其他人更孤独的方式做到了这一点。但是，像艺术评论家，他们就欢迎其他人批判性地讨论他们的观点。

两个多世纪以前，那些满足上述要求的人在很大程度上局限于富人和那些与富人有关的人，当然，无论如何也不是他们之中的所有人。我们谈论的是他们当中那些更会反思的人，这样的人比那些务农的人、热衷于赚钱养家的人、遵循他们阶层的规则小心行事的人有着更加广泛的兴趣。

今天，在英国和类似的发达国家中，情形大不相同，几乎每个人都必定生活在艰辛的群体之外：我们中几乎没有人因为极端贫困、做苦差事或限制人身自由的契约而视野受限，也几乎没有人因为如此忙于生计以满足自己的基本需求而没有时间去做别的事情。我们中的大多数人，包括那些没有受过正规教育的人，都有机会接触大量与幸福有关的事物，有些人是直接体验到这些东西，另一些人则通过想象。这些与幸福有关的事物包括：家庭生活、友谊、两性关系和其他形式的友谊中的喜爱之情；与职业有关的事物；运动和锻炼；家庭护理和花园护理；对其他动物的兴趣；在国内外旅游；等等。

艺术值得我们谈论。电视机将喜剧、戏剧、肥皂剧、舞蹈、流行音乐会带进了所有的家庭。无论何时何地，只要我们想要欣赏各种类型的音乐，我们都可以轻而易举地欣赏它们。要知道在20世纪初，英国皇室接待外宾的规格是偶尔去剧院看戏或听音乐会，而现在去剧院看戏或听音乐会已成为英国人日常就可以办到的事情。

所有这些和其他有价值的活动，对于我们大多数人来说都在触手可及的范围内。这只是最低限度。因为教育水平的提高，我们中的很多人可以进一步从事高水平的艺术、智力活动和做其他有趣的事情，对于像我岳父一辈的人来说，他们在退休之前是没有机会做这些事情的。

这里没有严格的界限，没有更高级和更低级的文化之分，只有因为所有人都参与其中而产生的更复杂的“光谱”。我们也喜欢思考和谈论以下话题：我们喜欢什么活动，又不喜欢什么活动，这些活动之间的差别，以
92 及选择做这件事而不是那件事时我们面对的冲突。我们或是独自一人或是与他人一起思考这样的问题：有价值的活动存在层级之分，然而更高级的活动的价值未必比低级活动的价值更大。

后者并不总是面对面的，就像我们与朋友或同事之间的对话那样。我们也听听小说家、剧作家、诗人、传记作家、学者、媒体和电视评论员说些什么。若挑最好的情况说，他们可以帮助我们澄清最初关于幸福的朦胧的想法，使得观点更加具体，为我们打开看问题的新视角。作为公共生活中的文本和事件的创造者，他们为我们提供了可以共享的参考和说明。你甚至可以说他们也有助于保持国内、有时是国际上的沟通与交流，面对这些，我们可以如自己所愿，决定自己是参与其中还是置身事外。

300 年前，引导舆论的人很少，今天却涌现出这么多参与有意义的活动的人，这么多对这些活动的反思，这么多有价值的活动。

那么，我们可以在哪里找到关于幸福的内容的权威声音呢？至于我们时代的政治权威，他们不属于贵族或其他任何社会群体。他们在整个人口中被“稀释”。在民主政治中，从理论上讲，我们每个人都有平等的权利决定我们想要什么样的社会。作为选民，我们的参与是一种正式参与，因为我们是按照清晰的规则参与其中的。至于如何发挥选民的作用则因人而异，它更难确定。如果说“几乎所有人现在都可以加入对繁荣兴旺的生活

的讨论之中”这个判断是对的，那么他们也是采用一种非正式的方式。没有规则明确地表明，我们所有人说的话都应该具有同等分量。然而没有哪个幸福专家的声音能够合法地将他人的声音排挤出去，我们应当尽可能地倾听每个人在不同的环境和不同的范围内发出的声音。

不能从“个人欲望的满足”的字面意思来理解幸福，即使是个人对其有充分了解且对个人生活有重要意义的欲望。从这个意义上讲，“幸福”不是主观的，但它也不是从我们本性中派生出来的纯客观事物。真相更加微妙。幸福虽然有以欲望为基础的成分，但我们讨论的欲望不是个体的欲望，而是在前面所描述的群体欲望的一个更宽松的集合。

很难确定谁在这个欲望的集合内，如果在里面，其影响力有多大？我一直强调，几乎所有人在某种程度上都在这个体系中，那些对不同种类的事物有更加全面的了解的人比其他人的影响力更大。但是，究竟谁比谁的影响力更大，在任何一点上都没有清晰的界限。

这就是教育活动面临的情况。在民主社会里，教育的目的之一是使人们具备过上繁荣兴旺的生活的能力。作为这一目标的一部分，教育变得更有资格对人类幸福做出判断，其也成为促进国与国之间对话的“资讯灵通者”。

所有这些都是民主社会的公民教育的一部分。不难看出两者之间的关 93
联。人们期望公民或者以选民的身份或者以其他方式参与决定政治共同体的未来。这些决定与如何使人们的生活更加繁荣兴旺有关。公民越充分地理解这涉及什么，那么他就越少被错误的幸福概念引入歧途，而社会的政治环境也就越清明。

我稍后将回到教育问题上来。与此同时，我希望这部分讨论的主题已经足够清楚了。至少在欧洲，与幸福有关的事物在几个世纪内一直在拓展，规范程度也一直在提高。与之相应，谁是最了解幸福的人也在发生变化。

如果幸运的话，生活在1850年的人，是足以胜任“描述19世纪中期幸福生活是什么样子”这一任务的。但是，他几乎不能成为一个可靠的评判者，去判断 150 年后的社会将是什么样子，至少在任何细节的判断方面是如此。生活在今天的人们显然处在一个更好的位置。这里并不是指所有人，而是我们之中的许多人。过去的 150 年见证了公民的广泛参与，而这又是与民主社会的发展同步的。我们在克服“两极分化”方面仍有一段路要走。那些认为自己处于社会上层的人继续设置一些障碍，从而使比他们的社会地位要低的一些人不能与其共享美好生活的资源及政治权力。对于下个世纪人们能否持续地突破这些人为的障碍，我还不太确定。

教育领域的议题

学校和家庭应在多大程度上帮助孩子思考那些对幸福有益的观点呢？的确，学校和家庭有一个更紧迫的任务：让孩子完全沉浸在各种幸福的体验之中。对此，引导孩子参加有价值的活动和建构有意义的关系必须是第一要务。

举一个类似的例子：一位家长通过鼓励孩子去做充满爱心和体贴他人的事，从而将自己的孩子培养成一个善于体贴他人的人。开始，家长没有期待孩子明白体贴为什么重要，但家长很早就开始在家里鼓励孩子这样做，而且其他人也都很重视这一点，渐渐地孩子就真的学会了体贴他人。

就一般情况而言，幸福教育也是如此。父母有责任通过强化做某种事情而不是做其他事情来培养孩子的鉴别力，追求一夜成名和鼓励消费这两种高度相关的文化可能引诱孩子错误地理解什么才会使生活进展顺利。父母首先没有解释为什么它们是误导性的，他们只是让这些外在的社会力量对孩子的影响尽可能地小一些，并让孩子去做其他事情。但是，他们可以尽早开始跟孩子说清楚追求名望和鼓励消费的文化有哪些缺点，学校可以在社会学、经济学和伦理学等方面进一步加深孩子对这些缺点的认识。

在孩子养成基于智慧的自主性的道路上，他们需要受到保护，以远离那些试图给他们的生活强加不好的影响的人，有时其可能是作为消费文化的影响对象的同龄人。有时，家庭本身也可能是类似的影响渠道。无论是 94
在学校还是在家庭里，成人都应该鼓励孩子远离群体压力，自己对美好生活做出判断。成人也需要保护孩子，让他们远离那些急于以自己的方式来改变孩子的强大的机构或个人。

最好的保护是智力方面的。年轻人可以学会提出正确的批判性问题。“某个人想要我去做某件事是对的吗？”“谁给他规定一个人应该如何生活的权力？”对某些所谓的大师和善于开空头支票的领导者，我们要洞察他们的动机，弄清楚其心理活动和操作方式也是有用的。此外，文学和电影也可以提供某些帮助。《简 · 布罗迪小姐的青春》（*The Prime of Miss Jean Brodie*）是一部很经典的电影，它讲述了女子学校的一位老师如何根据自己的人生哲学来影响一群 12 岁左右的学生的故事。最近的一个例子是德国电影《浪潮》[*The Wave*（*Die Welle*）]，在这部电影中，一位中学教师决定让班上的学生体验极权主义如何掌控人们的生活——他通过将自己封为新的受崇拜的领袖，由此“成功地”训导了他的学生。

观看和讨论类似的电影可以帮助学生摆脱来自顽固的教师和自封为专家的人的控制。孩子们需要形成自己关于繁荣兴旺的生活及其构成要素的观点。要做到这点并不容易。大部分孩子不太可能成为不被外力所左右的人。但是，所有孩子每天都暴露在各种非言语信息之中，而学校作为一个整体也在不断地强化他们对生活中什么是有价值和有意义的事情的认识。

如果没有人能给出权威的答案，并且欢迎我们所有人都加入对此类问题的讨论中，那就有希望走上正确的道路。但是，如果学校所做的一切是庆祝学生取得了好成绩和通过了考试，而不鼓励他们讨论上面提及的“何谓幸福的生活”这个问题，那么学校很有可能会在学生中建立起更广泛的“考试第一”的信仰，有些人将会发现很难动摇学生的这类信仰，而有些人可能会认为生活的最高形式是沉思或从事学术活动，这些也就不足为奇了。如果他们选择了这条道路，同时在探索其他道路，这些应该就不足为奇。但是，如果信息一天天地不知不觉地渗入他们的思想中，那就会变成另一种情况。其他学生可能会获得一种更有用的人生观——值得花时间、值得进一步去做的是下面这些事情：取得好的考试成绩、大学三年快乐的时光、在 30 岁前成为对冲基金的经理……。只接收学校的单轨信息的其他学生，或许会允许媒体对名声、舒适、魅力及兴奋的更大的鼓噪之声淹没其在学校接收的信息。

学校应该调整其有意或无意中流露出的对“一个人应该如何生活”的议论。“要么优秀、要么低劣”的两极分化的文化，应该给更适合民主社会的观念和事物让路。人类幸福是一个难以把握的概念，年轻人需要大量的机会反复思考人类幸福问题，并和别人一起讨论这个问题。提供这
95 些东西应该是学校的中心任务。在这种环境中，讨论不仅仅是一种帮助学生更清楚地认识事物的学习方式。讨论可能被用于几何教学，但在这里讨论的功能更加微妙。除了做数学题之外，分享一个人的思想和情感是个人幸福生活的一个特性。这是因为，正如我们前面所看到的，没有权威和专家能够让我们求助，没有人能告诉我们正确答案。原则上，我们都可以参与到构成繁荣兴旺的生活的活动和关系之中，在这个过程中，我们更有能力参与对“幸福”这个主题所带来的无穷无尽的开放的问题的讨论。

由于孩子们没有太多有关充实的生活的亲身体验，因此他们也就不能反思究竟何者构成充实的生活。他们的家庭成员负有启蒙的责任，而带他们走得更远则主要是学校的责任。这意味着要反思学校的传统角色，尤其是学校过分重视学术性和理论化的知识的学习这点。随着学生逐渐长大，正如我在本章前面所介绍的，学校能做的另一件事是着手将学生引入有价值的活动的文化史中。这可能是学校出于自身之故而选择这样做，但进入这种历史的内在原因是与另一个原因交织在一起的。这正是我想强调的。

这可以追溯到有关繁荣兴旺的生活的本质的专业知识。一方面，年轻人拥有看待“何谓幸福”更广泛的视角，另一方面，他们能从更广泛的视角理解拥有何种样态的幸福，一定程度上是我们自己的历史决定的。这样一来，年轻人能够更好地参与正在进行的反思和讨论。

这里明显暗含着公民教育。我一直在说要引导学生成为民主社会的公民，年轻人要成为一个有能力做贡献的人，既要参与本国关于人类幸福的讨论，也要多多参与全球范围内进行的关于人类幸福的对话。如果运气好的话，通过在家庭和工作场合中面对面的互动，或者通过互联网和移动通信，我们也许可以从媒介不停渲染的、把美好生活的图景建立在追求快乐、名望、享受基础上的世界，转向另一个更加民主的世界。在理想的状态下，在后一个世界中，我们所有人都可以成为一个有见识的“局内人”，参与社会的发展。

96

第12章　非“精神性”的深度：论有价值的活动之深度

1

一切有价值的活动都同样有价值吗？还是说有些活动比另外一些活动更有价值？到目前为止，除了不赞同穆勒的心灵的快乐比身体的快乐更重要这一观点外，我对上述问题谈论得较少。我想是时候更直接地面对这个主题了。

几年前我去日本的甲府市参加会议。由于听不懂日语，我悄悄地翘掉了几场会议，在城里闲逛。有一次，我走进了一幢陈列有好几百个弹珠游戏机的大楼，看到在每一个弹珠游戏机前面都坐着一个人，要么往里面投钱，要么看着小球呈“之”字形下滑。我很想知道这些人是否经常来这里玩。这些人看起来十分认真——因为他们更像在工作而不是在玩。这个场景让我想起了卓别林（Chaplin）主演的电影《摩登时代》（*Modern Times*）中的经典镜头：厂房里是一眼望不到尽头的工作台，工人们在工作台前不停地忙碌。

玩老虎机是一种有价值的活动吗？让我们想象这样一种情况（它也许适合、也许不太适合这些玩弹珠机的人）：玩家们只是为了玩游戏，而不是处在一种中奖概率很高的幻想中。我们姑且认为玩游戏对他们来说很重要。

我们可以采取一种简单的方式来直接否认这种活动有价值，正如我在第 8 章对数沙粒者所持的看法那样。但是，这可能会留下一些隐患，因为我们也许不得不按照某种标准将某些事物留下来而将其他事物排除在外，而且真正做到这点并不容易。

我想，我们到底需不需要假设在有价值的活动和无价值的活动之间存在一条界线呢？看待这个问题的另一种方式就是探究“有价值的”活动的一些特征，比如：和朋友一起玩老虎机很有趣，因为这个游戏本身充满悬念；硬币从赌博机里面倾泻而出可以给人带来快感。

也许我们应该说玩老虎机不怎么有价值，但不是完全没有价值。毕竟人们通常都是这样看待这件事的。玩半个小时的游戏机可能是有趣的，尤其是在下着雨的海滨人们无事可做的情况下。

如果我们打算寻找一种没有任何价值的活动，那我们可能不得不借助 97
于一些假想的情况。有人喜欢独自在黑屋子里站几个小时且什么也不想，还有人在自己的身体上划一些小口子，这些活动如果不属于某种宗教仪式或者人们没能说明其确实有其他意义，那么这些活动的确毫无价值。

我意识到我在本书中所给出的有关幸福的描述似乎令人沮丧，在想象中那些让人觉得幸福的活动应具有艺术的深度，而现实情况却是这类活动集中在一些更加平常的事情上，比如踢足球、给花园除草、看肥皂剧、做一份稍微有意义的工作。我甚至不愿意完全排除那些像玩老虎机那样不需要动脑筋的活动。我们是否应该更加公平地对待不同活动之间的品质差异呢？正如我们可能都会赞同的那样，各种活动的价值大小不同，难道我们现在就不能考察其深度而还是停留在活动的表面吗？

让我看看应该如何做。最大的问题是：何谓“深度”？在没有遇到“精神性”这个词之前，我们很难沿着这条路走很远。这个词源于宗教，但是有宗教信仰的人会告诉你这个词对于世俗之人也是有用的。想象我们去欣赏贝多芬最后的弦乐四重奏，或者去看《李尔王》（*King Lear*）的表演，或者长期处于友好的人际关系之中，或者看太阳落山。这些事情可以让我们与人性中更深或更高层次的部分联系起来，我们也能因此更加全面地理解自己。

如果我们讨论这些问题时可以不用一些只起妨碍作用的词语就好了。如果将“精神性”归为“自我理解”（self-understanding），那我们还是用那些我们所熟知的词语吧。与“精神性”有关的问题是宗教人士倾向于把它与宗教意义上的“人类精神”联系起来，即超越了身体存在的“本质的自我”。当他们说听贝多芬的音乐使自己与更有深度或者更高的自我联系起来时，通常指的是他们心中的那个“超越的实体”。如果我们想要用一种使世俗的人们能够觉得舒适的词语来表达的话，最好还是另寻别的词语。

但在，这样做之前，让我们暂且从宗教的视角探讨一下“深度”这个话题。宗教仍然是一种强大的文化力量，即使是在一个越来越难以接受宗教观点的社会里也是如此。它往往集中在下列一个或多个领域中：自然、自我、他人。产生这种现象的其中一个原因是，以上每一个领域都能让我们直面“超越性”。

·大山、让冲浪者驰骋于其中的不断卷起的海浪、春天里鲜花盛开的花园，这些都生动地见证了上帝创造万物。

·鉴于人类灵魂与神圣意识之间存在密切联系，因此人也可以通过“自我”来接近和感知上帝的存在。可以通过冥想的方式让自己的思想转向内部，试图去接触“本质的自我”。

98 ·对于一些人来说，其可能需要通过与“其他自我”进行交流的方式来直面“超越性”。

并不是所有人都生活在宗教框架内并以这种方式赋予事物意义。然而，我们中的许多人虽然生活在宗教框架之外，也仍然受其影响。从摇篮时期起我就是一个不可知论者，年轻时的我就像华兹华斯（Wordsworth）

一样是大自然的崇拜者，静谧的山坡和阳光照射的溪流，都让我感受到大自然的神秘。我也被世界上生命的神秘性吸引，那时的我没完没了地问自己并且问别人这种“天人合一”之境是否能让人进入更高层次的存在境界。

即使在后来的生活中，虽然我更倾向于忽视“神秘性”的宗教起源，但我还是被神秘性吸引，我发现自己对当代哲学的一些表述颇有同感，比如“个人的美好生活就是努力去为人类寻求美好生活的生活”（MacIntyre，1981，p. 204）。而尝试去澄清那些直到现在还一直被遮蔽着的思想观念，一直都是非常具有挑战性和吸引力的事情。

假设宗教根本就是无稽之谈，我们是否有可能完全看透它却又保留这样一种观点，即认为有一些活动，尤其是那些与自然、自我和他人有关的活动是具有某种深度的，而这种深度又是日光浴或者观看台球比赛完全达不到的？

自然

通过艺术的方式，我们可以直接或间接体验到自身对自然的情感。我们对自然的依恋，其中一个来源仍然与宗教有关，不过是在并不迷信它的前提下。我们可以欣赏特纳画中的海景和华兹华斯对于湖区的描述，从中体会到自然对他们来说是一种神圣的力量。当我们观看和阅读他们的作品时，我们好像也很虔诚，即使我们已经把那些宗教的东西抛在脑后。这种移情给我们带来一种额外的享受，使得世俗的我们可以享有顶级的情感体验和感受思想的魅力，而这种情感体验和思想本身又是多层次的。

最接近宗教视角的想法与物体作为无法言说的存在有关，只要一想到那种独特而奇异的花，或者阿尔卑斯的一座冰川，我们就不能不惊异于宇宙的神奇。这种想法又被这样的反思所强化，即作为人类，只有我们才能体验到这种情感和产生这种意识。对此，宗教态度的不同之处在于，让惊异止步于惊异。如果宇宙的确有神秘之处，我们就把其理解为一种我们所不知道的东西，就像我们不能理解它为什么存在于某个地方一样。那种认为在表象、有意识的存在及客观的对象后面还存在着什么东西的信仰不应该存在于我们的心中。宗教课教师喜欢用“敬畏”和“神奇”这两个词语来谈论人们对宇宙的感受，希望唤起学生这两种情感，包括那些没有宗教信仰的学生，因为宗教课是他们的必修课。对于世俗之人而言，“神奇”这种体验是有的，但“敬畏”就谈不上了。

另外一种世俗的态度是将对宇宙的敬畏放在一边（至少是有意识地），
99 只关注当下的一些特定的场景，比如，一只从一棵树上跳到另一棵树上让你目不暇接的知更鸟，一夜之间盛开的牡丹，从路边树上落下来的粉红色的花……。大自然充满了类似的惊喜，这些都让人感到快乐。

与大自然带给人的快乐不同，我们如何比较和评价玩老虎机时产生的快乐？它是一种内在的快乐吗？它是否处于“深度连续体”的较浅的那一端？

我不这样认为，因为内在的快乐带给我们一种跳出世界反观自己的独特体验。不论是通过自然还是通过文化（或者两者都有），我们都被塑造成能够对自然美景做出愉快反应的人。尽管“生命极为短暂”这个想法还不是我们意识的焦点，但它有可能是作为背景存在的。就像人们所说的“很高兴还活着”那样，它让我们体会到哪怕是短暂地沉浸在某种自然美景之中，其也能给我们带来一种诗意的享受。

一旦我们不去考虑宗教的神秘性，而将重点放在应该如何解读“深度”上，那么上述例子就能给我们启示。它表明，只有从理解和情感的层次性的角度才能解释一些现象，就像是仅从一个角度了解事物只能看到事物的表面，比如，只看到波斯菊幼苗在窗台上朝着太阳弯曲生长的景象是远远不够的，还应该从另一个角度去发现那些对我们来说最为基本的东西。

以艺术的眼光看待自然进一步使价值分层的可能性变大。我们看到了大自然中的颜色，听到了大自然中的声音，并且享受这两种外在的美感。我们的想象力为我们在脑海中呈现了各种视觉、听觉、嗅觉和味觉信息。艺术家们则替我们将这些抽象的东西具体化，以唤起我们的某种情绪，增强故事的叙事性，并引导我们反思那些对人类生存所做的更加深入的思考。

正是这种价值的复杂性构成了“深度”，引导我们从事物的表面回到最基础的层面，并规避了用宗教的“超越性”来划分界限的做法。

自我——个人的自我和他人的自我

在宗教的故事中，正是人类的心灵，不管是个体自己的还是他人的，为永恒提供了一种证明。与自己或其他亲密的人进行交流可以让我们接触这个“超验的世界”。

在宗教里，“心灵”是不同于“身体”的“实体”。你可以用肉眼看到身体，但是你看不到心灵。心灵是内在的，而身体的我是外在的。你可以看见我走路或者呼吸，但是你看不见我思考。我生活在一堵无形的墙之后，并且可以在你不知道的情况下坚守自我。心灵是一个私密的地方，也是我和你存在于世的核心。从根本上说，一个不朽的实体或灵魂，才是我们真正的所是。

如果宗教的故事都是真的，那么就存在很多神秘的和有深度的东西。但是，它还是令人生疑。当我观看、倾听、思考、希望得到某些东西或者感到痛苦时，我才是有意识的主体。从这种意义上说，观看和倾听的主体是我。但是，这并不意味着我的心灵是一个实体。“主体”不等于“物质”。 100
当你呼唤你的狗时，它能听到你的声音，此时倾听的主体是你的狗。但是，这并不是说在它的身体里存在着一种无形的精神实体。

我们自己的身体的最里层是一个难以触及的非物质世界。为了找到这个心灵的自我，我需要反思自己处于某种意识状态或其他意识状态这一事实，而这个正在进行反思的“我”并不包含在那个作为“我”正在反思的对象的“我”之中。如果我试图通过“反思”这种高层次的活动将自我剥离出来，那么，那个正在反思的“我”也就不是那个同时被“我”反思的对象。寻找这种难以捉摸的自我的活动能够永远继续下去。不过，这是一种哲学家式的徒劳无功的探索。

我不是说这个领域就完全不存在任何神秘之处。我忍不住要对以下事实感到好奇，即在整个宇宙中，拥有意识的生物微乎其微。此外，狗能听到口哨声，鹰可以看到猎物。以下现象同样令人惊讶，即人类也许是宇宙中仅有的具有以下特征的生物：除了拥有意识外，从能够意识到自己所体验到的意识状态这个意义上说，其还拥有自我意识。

这一切确实很神秘。从这个意义上说，的确有一些事情是我们还无法解释的。但是，它不是那种令人毛骨悚然意义上的“神秘”，那种“神秘”往往引导我们在一个“超验的世界”里寻找答案。

我也并不是说在这个范围内没有探讨“深度”的可能性。在很大程度上，人类和其他动物的精神体验使其与外部世界产生联系。视觉、听觉、嗅觉、味觉、欲望方面的痛苦和回忆，对于时常生活在困难和不利环境中的所有人来说都是有用的。但是，因为人是拥有意识和自我意识的生物，所以对于个体来说，对于自己的某些方面进行对内的反思和对外的反映是可能的。此外，人类的意识，对于去过一种繁荣兴旺的生活来说是绝对必要的。尽管关于有价值的追求我已经谈了很多，但是它似乎远不止这些。是否也应当花一些时间在这些事情上，比如，教授文学、去树林里散步、做饭、看一场巴斯特·基顿（Buster Keaton）的电影。一种忙碌的现代生活可能与这种情况近似，但是，尽管如此，还是有些东西被遗漏了。我们还会花些时间来反思如何展开我们的生活，并站在一种全局性的角度来检查和重新考虑我们生活中的那些优先项，反思过去所做的决定是否足够明智，并以一种从容的心态面对日常生活中的成败荣辱。我们可能也会有这样的冲动，就是将“理解自我”作为另一类有价值的活动的例子加到我们的清单上。不过，那将会低估和曲解这种反思在个人幸福中的地位。它绝不只是诸如在林中漫步或者跟自己的爱人聊天之类的活动，这类活动也许能增进某个人的幸福，但无益于其他人的幸福。与之不同，对这种实用的自我认知的追寻，对于每个人生活的繁荣兴旺都是至关重要的。在任何情 101
况下，它都不是可以像通常情况下看一场好电影一样沉浸其中的活动。不同的人可能会不同程度地沉浸其中，有些人比其他人更喜欢这种内省的活动，但是对所有人来说内省都是无法避免的。

人们偶尔出于一些内在原因寻求“自我认知”。假设我已经退休了，我想重新理解我年轻时写的 250 篇私人日记的意思（现在这些日记全都放在地下室某个角落的箱子里）。我想深入地了解那个说话啰唆的年轻人，现在他对我来说已经很陌生了，他在日记中写下了自己对于维多利亚时代那些华丽的散文的很多思考。然而，在大多数情况下，自我理解是一种很实用的美德，它在我们的人生道路上扮演着指南针的角色。我会在本书第二部分进一步探讨这个问题。

我们可以在一定程度上用相同的方式与他人交流。对于大多数人来说，保持一种亲密的、充满爱的人际关系是充实的生活的关键要素。充实的生活的其中一个方面就是与他人一起探讨我们每个人对于各种事情的想法和感受。这样做部分是出于某些实际的原因，但是这些原因很难与内在的原因分开，也许比人们对自我认识的寻求更难。对于我们大多数人来说，这种活动本身就非常有吸引力。

没有必要把我们的精神世界的重要性与宗教所说的永恒关联起来。在这里，宗教神圣的光环是可以被消除的东西。也没有必要在亲密的谈话中费力地分辨谈话内容可能具有的层次，尤其是与那些已经认识了很长时间的人交谈时更是如此。多层次性赋予谈话内容深度，但不是那种宗教意义上的所谓的“精神性”。

2

本章的第一部分主要论述非精神性的“深度”。让我们回到本章开头提出的那个问题，即是否所有有价值的活动都同样有价值。下国际跳棋与研究英美关系的历史具有同等价值吗？送牛奶与当首相，其价值又能否等量齐观呢？

这个问题让我想起了对艺术作品的评判。听披头士（Beatles）乐队的合唱与听马勒（Mahler）的音乐所得到的审美享受一样吗？狄更斯的小说比斯科特·菲茨杰拉德（Scott Fitzgerald）的小说更好吗？在每一种情况下，存在一个划分从“最好”一直到“最坏”这样的等级的合理标准吗？

我们应该把势利的看法放到一边。在艺术和有一定智力要求的更宽泛的事务中，我们经常需要在“高级”文化和“流行”文化之间做区分。有些人并不打算去听一场流行音乐会，但是会去格林德伯恩（Glyndebourne）歌剧院看歌剧。其他一些人更愿意找个位置蜷缩起来看吉本（Gibbon）的有关罗马帝国的著作，但是从来不会看反映罗马皇帝的残忍之处的电视剧。不难发现生活中人们对某些活动或摒弃或拥护，类似的例子有很多，例如：人们会为稀有鸟类建造一个饲养场，但是不会去饲养鸽子；喜欢马球而不是联盟式橄榄球；喜欢穿定制的名牌服装，但不会穿季风牌的衣服。

102 如果划分这些等级的唯一基础与某种社会优越性的标志有关，那我们可以忽视它，对于艺术和其他活动来说均是如此。但是，有没有更加可靠的理由可以用来解释为什么要以一种价值上的“等级制度”来看待艺术活动呢？

一般而言，美学家不在乎排名。他们对这种比较性的评价活动没有多大兴趣，而往往对探索和展示各种一般意义上的审美价值更感兴趣，或者是更关注某个可作为实例的作品。寻找某种方式以对所有艺术作品进行排名是非常荒谬的。与此同时，如果说伦勃朗（Rembrandt）的绘画作品具有田园艺术展上典型的肖像画所没有的特质，或者说《日瓦戈医生》（*Dr. Zhivago*）是一本比《米尔斯和布恩》（*Mills and Boon*）更好看的小说，也并不荒唐。

但是，我们必须谨慎点。上面所做的判断要么是针对同类型的艺术作品，要么是针对同样题材但结局相反的作品。而在这两种情况之外，对作品的价值进行比较往往更加困难（如果可能的话）。委拉斯开兹（Velasquez）的《宫娥》（*Las Meninas*）的美学价值就高于弥尔顿（Milton）的《失乐园》（*Paradise Lost*）吗？林肯大教堂（Lincoln Cathedral）就比埃克塞特（Exeter）更好吗？

对艺术作品的讨论在多大程度上能阐明个人的充实？比起去建构一套等级制度，我们需要将更多的精力用于探索各种各样有价值的活动。穆勒和其他人都认为精神上的快乐胜过身体上的快乐。在乡村漫步是一种身体活动，而学习形式逻辑是一种精神活动。但是，我找不到第一种活动逊色于第二种活动的理由。

尽管很难为等级制辩护，但还是能找到理由解释为什么有些人会被更有内涵的活动吸引。我们已经在美学领域讨论了这一点，类似的考虑适用于符合个人喜好的更广泛的领域。对某些人来说某些活动比其他活动更有吸引力，这是可以理解的。对他们来说，阅读歌德的诗歌，或者建立亲密的人际关系，或者进行公民教育，都可能比下跳棋更有吸引力。

这并不是说人类天生就厌倦简单的活动而喜欢更复杂的活动。很多人不会对一个东西的复杂版（比如一款采用了复杂的新规则的跳棋）感到满意。但是，他们很可能被那些打开了他们新视野的东西吸引。

这就是我在前面所描述的人们在有吸引力的活动中所发现的东西。阅读歌德的诗歌不仅仅是一种比读儿歌更复杂的活动，它打开了一扇通往新世界的大门，并对那些已有的价值进行了再加工。如果认为建立一种长期的亲密而和谐的人际关系要比与自己的邻居简单交谈或打个招呼更加复杂，那就是没有抓住要领。价值有多种形式，它们可以包括分享两性方面的或者其他方面的快乐，有机会完全敞开个人的情感或思想，私人空间的联合创建，给予他人支持和援助，交流与分享自己对个人生活和他人生活
103 的种种反思。此外还有其他方面。这些价值可以通过其他途径而不是只能通过建立亲密关系来获得。使后者本身具有与众不同的价值的，是这种特殊的方式中已经包含了这些价值。

人们常常被那些有多种道德层次的活动吸引，这不足为奇。这并不意味着可以在层次多和层次少之间画一条界线。另外，层次之间也没有高低之分。当然，我们在不同的活动中发现了各种价值之间的关联，这对于试图把价值世界分成整齐的类别的尝试似乎是一大挑战。

出于同样的原因，用一种更有内涵的活动来辨别哪些活动更有价值是不对的。其他东西也可以充满吸引力，比如说在雨后的清晨漫步和温暖的阳光给人带来的简单的快乐。其价值低于阅读达尔文的《物种起源》吗？

我还有最后一点关于“深度”的思考。深入地理解事物需要花时间，并且需要经过多个层次的推进。第一次熟悉一件伟大的艺术作品，就像开始一段恋情一样，其自身散发着魅力。更深层次的充实是不可能一下子获得的，而是慢慢生成的。其他有内在价值的活动也是如此。

这并不是说除非你对承诺的事情持之以恒，否则你的生活就不会繁荣兴旺。我在这里也并不是赞成两个人结婚后就一辈子不能离婚，或者一个人从不换工作，或者坚持参加同一种娱乐活动。

教育领域的议题

与“广度”一样，“深度”也已变成传统的学校课程迫切想达到的目标，但是，它跟“广度”一样，人们对它的理解非常狭隘。“广度”通常

是指对所有主要的知识形式的覆盖范围，“深度”是指在这些知识形式范围之内进行专门化的学习。但是，一旦我们认为教育是个体人生幸福的推动者而不是通往学术之路的桥梁，情形就会发生变化。“广度”所涉及的是上一章所描述的历史上不断变化的人类追求幸福的种种活动，而“深度”则与本章开头所论述的看待这些活动中所蕴含的理解和情感的多层次视角有关。

在以幸福为主旨的教育中，学习者既要了解“广度”又要了解“深度”。他们在成长过程的早期就开始接触这些。对于几个月大的婴儿来说，人际关系主要以直系亲属所提供的舒适和快乐为中心。到了 3 岁，儿童已经习惯了以略微有些差别的方式与他人互动。比如说，与祖父母、家人的朋友及其孩子、托儿所的教师和小朋友互动，或者通过网络电话与在国外的亲戚互动，此外还包括与家中的常客、商店里的人等互动。儿童在这个阶段也会领会更多社会交往活动中所隐含的快乐，比如：一起玩玩具，接受与表达喜爱和认可，参与和房间、花园有关的事务，看书，发现有趣的事情，等等。

我一直在谈论关系教育。在扩大和加深孩子们对艺术作品，比如音 104
乐、歌曲、小说、电影和图画等的认识和了解方面，情况基本与其类似，也是要及早进行，甚至对于 3 岁之前的孩子来说也是如此。

鉴于这些都发生在 3 岁之前，那么到了 18 岁时，个体在“广度”和“深度”方面会有多么大的进步啊！如果我们现在专注于“深度”，那么就会遗憾地看到学校不会在发展孩子们的兴趣方面做更多的努力。而在任何亲子关系良好的家庭中，以孩子的兴趣为基础是最常规的做法。但是，当我们把目光转向正规教育时，我们发现学校只是偶尔这样做。在上一章我谈到了进入文法学校之前我享受过“狄更斯盛宴”，但进入文法学校之后，我再也没有机会读他的任何作品。其他人还可以联想到成千上万次这样类似的经历。我猜想，在很多情况下，学校都没有意识到学生们的这种热忱。

要怎么做结果才会更好呢？有几种方式。应该制订某种规范化的制度来使得孩子们的某种特别的爱好能被学校知道。要在孩子们的在校时间中专门留出一定时间以便让孩子们能够在适当的监督下，或独自一人或者以小组的方式来进一步发展自己的爱好。孩子们的兴趣和他们取得的进步，连同管理方式及教师的心理变化等，都应该被记录下来。

在这里我假设人们开展某种活动的目的就是追求日益深邃的思想。对路上的交通工具的类型做进一步的认识和了解就其本身而言没有多大意义，但一个有想象力的成人可以用它达到教育目的：她可以让孩子们“回到”过去没有汽车和卡车的时代，通过培养孩子们对红绿灯、辅路或机动车道的兴趣来培养他们对整个交通系统存在的问题的洞察力。尽管父母和教师不太可能成为这个领域的专家，但他们能鼓励孩子们从图书馆里和互联网上发现更多的知识，同时鼓励孩子们在阅读和调查技巧方面有所进步。

可能一个孩子拥有的任何兴趣都能够以这种方式往更深的方面发展。刚才的这个例子并不是人类兴趣向深处发展的偶然个案，文化、基本需求、道路的使用者与其他人之间的价值冲突等方面都有所变化。而人类所关注的东西，包括其背后的价值框架，为我们提供了包含多个层次的兴趣领域，这使得我们所有人都要大费周折才能发现和确定自己的兴趣。兴趣不仅可以通过人际交往和其他互动途径等直接的方式来确定，也可以通过阅读文学作品和其他艺术作品等富有想象力的方式来确定，甚至可以借助历史、哲学和其他人文性的活动，以分析的方式来确定。

包括电影在内的视觉艺术和文学，由于它们有强大的艺术魅力，因此有特别重要的教育意义。艺术家，尤其是作家，他们的任务是抓住人们在即时事件和感性经验层面的注意力，并且引导人们从表面现象深入隐藏在其背后的思想和感受。体验本身令人愉快，而在潜意识层面，它也是一个象征性的提醒者，提醒我们就像在很多其他活动和关系中那样，我们通常都要经历由浅入深的过程。

按照这种方式，一位好的艺术家就是一位教育家。实际上，对于我们 105
这个教育资源稀缺的世界而言，这是一种弥补。假如学习者可以从阅读一本书或者其他类型的作品中充分获益，那么正式教学就可以不再扮演那么重要的角色了。一位小说家或者其他故事的讲述者都有可能成为一位伟大且“廉价”的“助教”。

我不想过度谈论与人类生活有联系的事情。在数学和物理学科中，在听音乐和演奏音乐的过程中，也有很多不同的层次。有些孩子很早就可以在这些领域中取得成就。无论酷爱什么，每个孩子都需要时间和空间来进一步发展自己的爱好。

与此同时，仅是深深地沉浸在数学或自然科学之中很可能难以实现我试图阐明的这种“好”。如果学生们发现自己越来越走向一个自足而封闭的世界，与人类所关心的广泛的问题完全没有联系，他们可能会错失很多东西。幸运的是，几乎没有学生被完全封闭在自己的生活领域之内。他们所建立的关系或者他们在政治或艺术方面的兴趣，都会使他们进入对人类所关注的问题更深入的思考之中。他们在开辟自己的人生道路的过程中所需要的自我认知也同样得到了深化。

然而，我们都知道，或者听说过一些人被某些技术化的专业主义所局限，比如商业或工业领域的人，他们对外部世界缺乏兴趣或与之联系甚少，但是似乎这种单向度的生活才是他们希望得到的全部。他们所过的是充实的生活吗？他们满足了我所提出的关于充实的生活的很多标准。假设我们不是用一种非此即彼的思路，那么在一定程度上我们可以合理地称他们的生活为繁荣兴旺的生活。

然而，他们在生活中所缺乏的也许并不是在原有基础上的更高层次的满足，而是那些对于我们其他人来说能使一种苍白的、虚度的生活状态与真正充实的生活状态之间产生差异的东西。而它又与我们共同的人性有关，包括：建立亲密关系的能力，自我意识，珍惜短暂的生命，智力、想象力和其他方面的能力，在我们的道德理想和价值视野中无法解决的种种冲突。

这就是为什么学校在将学生导向某种狭隘的专业化方向时必须十分谨慎的原因。它也说明了为什么艺术和人文学科不能与其他课程领域并列，也不能与数学和科学等量齐观，而是处于有价值的教育的中心位置。

具备了这种认识之后，我再回到之前谈到的学校应该为孩子们提供空间和时间去追求自己的爱好的问题，不论他们追求的是科学方面的爱好还是其他方面的爱好。你可能认为我支持在英国的中学尽早引进为 14 岁以上的孩子提供选择的制度。这两者之间当然存在一定的相似之处。不论在哪种情况下，孩子们都应该去做自己想做的事情，而不是去做自己被迫做的事情。但是，两者有很大的不同。在我的提议中，促使孩子向前的唯一动力是对所做事情的热爱，也就是他们自己选择的感兴趣的对象给他们带来的一种完全让他们沉浸其中的快乐。个体在 14 岁之后做选择时就不再
106 单纯了，会更加受到恐惧和期望的影响。一个学生不是对现在感到迷茫，而是秉持一种未来取向，比如希望在公开考试中取得好成绩，并有一种改变自己命运的期待。单纯由爱好来决定发展方向的方式是多么好啊！若是如此，青少年时光将不再受制于这种产生如此之多的公开竞争和带来如此之多悲伤的制度。

这可行吗？我们能弱化考试的威力吗？如果我们下定决心，那么这件事情就很容易做到。记录年幼的孩子的兴趣及其所取得的成就可以在孩子在校期间毫不费力地进行下去。如果我们都有这种决心，我们就能够找到办法使现在依赖考试成绩来运作的教育机构变得对孩子更有吸引力。

让人们心甘情愿这样做是很难的，因为考试制度已经成为传统学校教育的一个主要的特征。从广泛的学科导向的课程到针对这些学科的公开考试，再到高等教育和就业的链条，已经统领了英国和其他地方的中等教育达 150 年之久甚至更长时间。但是，这种制度没有理由应该永远持续下去。本书提出要在三个地方做出彻底的改变：一种幸福导向的课程；持续记录学生的成绩；重新调整大学教育和就业安排。我将在本书第二部分对

最后一点做更多论述。

回到“深度”这个话题上来。我一直主张给学习者更多的空间以洞察他们那些不太明显的爱好。但是，我并不希望一个人所受的学校教育都被其爱好主导，我希望学校教育能更多地探索那些我期待能让整个人类生活繁荣兴旺的更深层次的东西。正如前面所暗示的，像开心地欣赏世界的美、享受快乐的调侃、期待一部最喜欢的肥皂剧这些简单的快乐，并不一定在价值等级中处于更低的位置。作为一个追求自我实现的人，如果昨天晚上我没有看詹姆斯·卡格尼（James Cagney）的《怒吼的二十年代》（*The Roaring Twenties*）的影碟，而是阅读《麦克白》（*Macbeth*），那我是不是过得更充实？

在这一部分我很少提“精神发展”，这是 1988 年国家课程的目标之一，现在也是如此。在宗教背景下，它意味着要向着不可见的永恒的精神世界前进。我希望我所说的“精神发展”足以与上述宗教意义上的完全不同的描述区分开来。

107

第 13 章 生命的意义

上一章讨论了关于深度的问题，在本书第一部分的最后让我们来谈谈对某些人而言所有问题中最深奥的问题：“生命的意义是什么？”

当你或我评论自己活得有意义或无意义时，我们能够把生命的意义问题与另一个问题——它是否适合放进更广泛的目的框架之中——分开来谈吗？

我们的宗教遗产与穆斯林、犹太人和基督徒都告诉我们，这个问题确实适合放进更广泛的目的框架中。譬如说人的生命是上帝创造的东西中的一部分，它的存在是有原因的，而原因就在上帝的心中。任何人的生命意义的彰显都是人类总体生命意义之功能。

我活着是为了什么？我在这个世界上活着的目的是什么？不信教的人排斥宗教语境中的答案，因为宗教语境中嵌入了这样一种假设，即存在某种外在于生命的东西，它能够赋予生命有说服力的存在意义。但是，这样的东西并不存在。我活个几十年乃至一百年之后就死了，然后故事就结束了。

这似乎表明我活在地球上很没有意义。人的生命到底是什么？人把一生的时间都花在呼吸、吃饭、思考、工作、睡觉等活动上，就是这个样子。我们是无神的茫茫宇宙中微小的颗粒，甚至连微小的颗粒都算不上。

当我还很年轻的时候，我深受当时流行的存在主义作品中的思维方式的影响。我那时会静静地站着，从一丛野草、一次日落和布满星星的天空中寻找存在感。既对它们的不同性质感到兴奋，又对我意识到它们的不同性质感到兴奋，在那之后我关注的对象很快就变了。

很难弄清楚这一切是如何发生的。当我现在独自面对宇宙时，我头脑中的确会产生种种神奇的、不可思议的念头，但这种反应可以和常常与其伴随而来的荒谬感分离开来。

“生命无意义”的信仰只能从“生命有意义”的宗教信仰的反面来获得理解。它有赖于宗教框架为其赋予意义。在迷人的宇宙中，充满了看不见的精神和在日常事件中被隐藏起来的意义，但在相信“生命无意义”的人看来，真实的逻辑却是：在宗教语境中，内容满满的宇宙其实空无一物。从这个视角看，人类存在的外在理由根本就站不住脚，这使得人类的生命意义无所归依。

还有什么别的选择吗？我们可以在不被古老的宗教神话再次套牢的情 108
况下摆脱生命无意义的宿命吗？

高尔顿和威尔斯（H. G. Wells）及其他优生学家认为，因为我们的生命有一个目的，所以我们可以进化为更高层次的存在。马克思主义者和其他人也都相信人类的进步是一种必然。那些被生命的荒谬感困扰过从而去寻找打开生命秘密之门的钥匙的人，有时也包括我自己，都是这么认为的。

我们到哪里寻找这个问题的答案呢？有可能在喜马拉雅山的喇嘛庙里、在精神领袖的头脑中、在喇嘛教的传经筒里吗？如果我们只是努力地冥想，放飞我们心灵中所有的东西，超越那个欲望的自我，我们会发现一个静止的点，在那儿，所有东西都汇集成一个可理解的整体？

或者修行问道的关键是吃鹰嘴豆和酵母面包？或服用麦司卡林（mescaline）？还是分秒不差地控制自己呼吸的节奏？我年轻时在这个问题上研究了很久，我总是随身携带着《腹部的文化》（*The Culture of the Abdomen*）这本书，该书介绍了养生之类的东西，我现在不记得它是否给了我想要的答案。

或者盖亚（Gaia）就是答案所在？我们都是包含了生物体和非生物体在内的复杂的系统的一部分吗？像一个有机体那样运行？

所有这些解决方案的困难之处在于，它们都还处于上帝的阴影之下。

它们都是在一个似乎毫无意义的世界里发现重要性的途径。但是，如果还是按照旧的宗教观来理解生命的意义，那么人们有理由试着不顾一切地摆脱它。

在任何情况下，我们大多数人的生命是不是已经足够有意义，并且并不需要找出使生命有意义的那些隐藏的要素？想想我们大多数人的日常生活方式是怎样的吧！把雅各布（Jacob）送到托儿所，挤公交车去上班，查看电子邮件，陪客户，接雅各布放学回家，边看新的《冲上云霄》（*Up in the Air*）的影碟边吃比萨。使我们的生命有意义的，是我们所过着的有一定的模式可循的生活。构成这种模式化的生活的那些活动和经历是连接在一起的，而使它们连接起来的链条则是相互关联着的目的，这些目的又从属于那些对我们来说最重要的中心目的。

我们不需要把自己和宇宙相连，以使我们的生命有意义。我们所需要的就是去从事上述那些活动。正如哲学家伯纳德·威廉姆斯（Bernard Williams）曾说："一个人的存在是有其立足点的，最好的证据是对立足点的质疑还没有出现。"(1967，p. 209）我们只要简简单单地埋头做事就行了。

这仍为生命是无意义的感觉留下了空间，甚至是为"存在"本身是无意义的观念留下了空间。想想当人们沮丧和考虑自杀时所体验到的那种绝望感。也许他们失去了一个孩子或者一个伙伴或者家乡，他们的世界发生了翻天覆地的变化。他们找不到继续支撑他们活下去的东西，现在那些常见的活动模式对他们来说毫无价值。

109 总体而言，这种无意义感并不是人类生活的一种内在特征，它只是一个病态的观念。只有当被人们视为理所当然的"正常生活"遭到破坏时，这种无意义感才会出现。它非常不同于无价值的存在感。毕竟，它不依赖之前的宗教框架，当然，它也不是和宗教对人的想象相反。

同样，我们日常生活的意义不是我们问出来的，也不是它自己从荒谬的深井中爬出来的。我们不是要去寻找我们生命的意义，而是我们发现它无处不在。

在前面对意义问题所做的所有论述中，我是否已经渐渐地远离了“个人的充实”这个主题？对宗教遗产的着迷使我误入歧途了吗？

并非如此。无论繁荣兴旺的生活可能是什么别的样子，它至少必须是有意义的，我所说的“意义”是在大家都认可的范围内。令人沮丧的、糟糕的、让人觉得失去活下去的支撑的存在方式，不是欣欣向荣的活法，所以意义与繁荣兴旺密切相关，意义是繁荣兴旺的必要条件。

但是，仅仅有这个是不够的。想象某个人的生活充满了不幸，不是受到了像被入侵者驱逐出家园和祖国之类的威胁，而是碰到了严重的生活问题，比如偶尔甚至没有足够的钱去买生活必需品，耳朵聋了，被抢劫或被偷，不停地失业，被一位又一位女士抛弃。尽管他的生活还是有一个结构可循的，但是你很难说他所过的生活是一种欣欣向荣的生活。像我们其他人一样，这个人有各种各样的生活目标，做出种种努力想要找到实现目标和克服障碍的办法。唯一与我们大多数人不同的是，他有着令人难以置信的坏运气和没完没了地做出了错误的判断。他的生活还是有意义的，这一点是没有问题的。他从未陷入深深的绝望之中以至于他看不到继续支撑他活下去的东西。他胡思乱想，总希望生活有一天能变得更好。他的生活是有意义的，但远远谈不上充实。

那么，还有哪些内容需要被添加到关于意义的探讨之中，以确保大家能过上一种繁荣兴旺的生活呢？从给出的例子看，好像是成功而不是失败可能与幸福更相关。现在我们重新回顾一下前面所提到的幸福所具有的那些特点。

教育领域的议题

英国的学校课程的什么地方出现过“生命的意义”？官方只在“宗教

教育”课程中提到了这个话题。我们被告知，“宗教教育”课程能够引发学生对生命的终极意义和目的等话题提出富有挑战性的问题。

这里我们要注意“生命有终极意义和目的”这句话，“宗教教育”课程没有对其进行细致的推敲，没有将隐含着某种外在目的的“生命的意义”与世俗意义上的“生命的意义”区别开来。

110 一方面，他们没有坚持从非宗教的角度来质疑意义和目的。“世俗的价值观”可能在针对 11—14 岁学生开设的“宗教教育”课程中“在适当的地方”偶尔被提及。另一方面，学生还必须学习基督教和至少其他两个主要的宗教。

因此，学生可能很容易被误导，认为生命有一个外在的目的，并对这一点从不加以质疑，这对他们的思想自由和幸福观会产生潜在的影响。在英格兰的那些对宗教很虔诚的学校，这个问题更加严重。美国的一些福音派学校讲授的是神创论，将达尔文的进化论排除在外。

就神创论或进化论或更一般的主题而言，只有在 2009 年这一年，英国政府决定将进化论放进英国小学阶段的必修课中，然而一年后又撤回了这个决定。我在第 1 章中曾提过，英国的学校课程又开始重视“宏大观念”。很难想象过去 3 个世纪以来还有什么观念比自然选择的进化论更宏大，然而政府为什么要把它排除在中小学课程之外呢？

学习进化论是一个很好的方式，其能够让学生去反思和挑战他们从“宗教教育”课程中所获得的非常不同于进化论的信息，比如人类生命有“终极的意义和目的”。的确，这两种观念也可以和平共处，因为其中一种观念可以接受达尔文主义中有关我们为什么活在世上的说法，但这种观念仍认为，上帝把达尔文主义的进化机制放在合适的位置上，是为了彰显它自己的某个更深层次的目的。虽然有一些很好的理由能说明为什么高年级的学生应该学习这个观念，但对于年幼的孩子来说，它太复杂了。除此之外，即使在小学，孩子们也应该既熟悉人类是基于神圣目的而被创造出来的这一神学观念，又熟悉人类生活变成现在这个样子是由自然选择过程中的无数突发事件促成的观念。他们至少应该能接受这个观念，即就传统的、宗教的意义而言，生命可能是毫无意义的。

如果学校为孩子们提供了我在之前的章节中所探讨的“以幸福为主旨”的教育，那么孩子们几乎不会认为生命在世俗语境中是毫无意义的。他们将常常关注那些有趣的、愉快的活动与关系，而不会分神或抽空扪心自问生命是否有意义。

我们该结束本书的第一部分了。这一部分的后十二章以多种方式论证了幸福这个概念，揭示了幸福的各个方面，以便大家可以把握幸福的复杂性。这些内容也使教师和其他教育工作者能够在自己的工作中坚定地支持这一核心价值，我也展示了学校应该在它的教育目的和教学实践中如何体现它。由于教育中的实际应用的论述分散在前面十二章中，因此我需要把它们集中到一起。我将在本书第二部分中做这项工作。

第二部分

以幸福为主旨的教育：未来之路

在本书第二部分，我将对本书第一部分中形成的观点予以进一步扩充，以便能整合出一个更好的有关“幸福教育”的看法。为此我将用 4 章的篇幅对相关问题予以论述，其中前两章的篇幅是最短的。第 14 章主要是回顾与幸福这个概念有关的既有的哲学主张；第 15 章指出如果幸福教育不只是一个白日梦的话，那么社会需要进行更广泛的变革；第 16 章致力于确立幸福这一教育目的；第 17 章则是探讨社会机构，特别是学校，到底有哪些办法来实现以幸福为主旨的教育。

113

第 14 章　何谓幸福：总结

“教育，教育，还是教育！”这是托尼·布莱尔（Tony Blair）1997 年竞选首相时做出的著名的选举承诺，它听起来像是布莱尔承诺要给我们已有的教育带来更多的东西。其实他更应该呼吁的是一个不同的教育概念——旨在增进孩子和其他人的幸福的教育。我马上就对这种幸福教育展开更详细的论述。我首先要做的工作是将我已经形成的关于幸福的种种论点集中起来。

繁荣兴旺的生活就是成功地和全心全意地投入有意义的活动和关系之中。幸福生活必须总体上是成功的，因为如果我们在某些活动和人际交往中总是在重复失败的经历，那无疑会有损我们幸福的生活。要想过上幸福生活，我们必须做到全心全意，这是因为，如果我们以一种疲惫的、无精打采的状态，以仅仅只是敷衍了事或者不受约束、拖拖拉拉的方式去完成那些甚至是最有价值的活动的话，那将很难看到我们的生活会运转得很好。“什么才能算作有价值的”部分地依赖我们人类生物学方面的根据：我们不会奖励像变形虫那样的繁殖，但这个问题主要还是一个文化问题。在英国和其他国家，我们是那些经典的文化遗产的继承人，尤其是在过去的几个世纪里，新的艺术形式、人际关系、公共服务和其他职业及许多活动丰富了我们的生活。尽管这些给生活带来丰富性的事物在其产生之初是由文化决定的，但是它们不是与文化相关联的。如果没有过去 400 年的历史，或许现在没有这些事物我们也能过得很好。巴赫（Bach）的音乐过去可能是新教徒所信仰的那个世界的产物，但现在其美学影响力并没有随着那个旧世界被人们抛弃而有所弱化。

在价值问题和繁荣兴旺的生活方面没有最终的权威。有许多所谓的大师告诉你如何生活才能过得最好，年轻人的教育很重要的一部分就包括对他们所接受的所有观点进行明智的质疑。与此同时，个体也不必仅仅依靠自己的直觉和预感生活，其有更多的选择。过去只对富人开放的活动，现在成千上万的普通人也能参加，比如听音乐会、去国外旅游、看小说、相对轻松地养活一家人。虽说关于“幸福”没有最终权威，但现在还是有很多人不仅根据自身经验，就“什么使生活值得一过”分享某些共识，他们还积极参与对这个话题的讨论。当看到探讨这个话题的人数进一步增多 114
时，这个问题就应该成为社会政策的研究对象。民主社会的公民应该要对幸福生活是由什么构成的抱有兴趣，这也是我们所希望促成的那类社会最关注的政治问题的核心。

一些有价值的活动和关系与另一些活动和关系存在程度上的差异。虽然“高级”和“低级”活动之间没有明显的界线，例如，“精神的快乐”和“身体的快乐”，但不可否认的是各类活动和关系之间存在深度上的差异。有时，人们用“精神性”这个词来表达这种程度上的差异，但是最好避免用这种容易促成误导性的联系的表达，应该致力于换一种更考究的思维方式，以达到对事物更深层次的欣赏和感受。我们在人际关系和艺术中看到人们用“出类拔萃”（excellence）这个词，但它也同样适用于我们生活的其他方面，比如我们在工作和业余爱好方面显现的特点。对于我们大多数人来说，如果我们想要过一种充实的生活，我们就不能以一种狭隘的、独立的方式去从事所有的活动，不管这些活动多么有价值。大多数有价值的活动在更深层次上不断地将我们与其他人所共享的人性之中那些基本要素重新联系起来。

人类可以在各种各样的社会中过上繁荣兴旺的生活。甚至有理由将这个概念以某种推理的形式运用到其他动物身上。在一个像英国这样的自由民主的社会中，我们所使用的这个概念反映了一个事实：几乎每个人都希望自己选择想要从事的活动，而不是把这个权利拱手让给习俗或者权威。

因此，个人的自主成为与幸福有关的一个主要的价值。当然，个人自主同时也会带来负担，因为我们经常要做出艰难的抉择。

繁荣兴旺的生活有一些先决条件。这些先决条件包括那些与食物、空气、水、健康等相关的生物需求，以及收入、教育、认可、闲暇等社会需求。在一个自由民主的社会里，思想和行动的自由是自主的幸福生活的必要条件。好运也可以算作一项基本需求，正如我们需要好的个人品质来保障我们的生活繁荣兴旺。这些好的个人品质既包括控制我们身体方面的欲望和情感，又包括理智地采取那些有助于实现我们的目标的手段和方法，善于应对挫折、善于合作及许多其他方面的品质。

有几个误解需要澄清。

第一，繁荣兴旺的生活不能等同于快乐的生活，也不能等同于个人成功地满足了自己主要的欲望的生活。也就是说，我们要质疑人们经常在幸福生活与财富、名望、“地位性商品”等之间强加的某种关联。

第二，为了能够让自己的生活繁荣兴旺，我们不需要将其作为目标。这确实可能会产生事与愿违的效果，也存在信念方面的问题，比如，人们认为个体要过一种幸福的生活就必须对自己将拥有的生活进行规划并勾勒出大致的轮廓。这种事事规划的方式只适合某些人，而其他人则是更自发地生活着而且过得相当幸福。

第三，比较常见的在个人幸福和道德规范或利他主义之间进行比较的做法也是错误的。牺牲自己的利益去做那些在道德上是正确的或者似乎
115 有益于他人的事情，通常可以提升我们自己的幸福感，即使我们没有打算这样做。除此之外，很多对个人自身有益的活动于其他人也有益（因为双方共享了一些目标），关系和合作性质的活动之中确实存在这种情况。这使得区分“什么是对自己有益”和“什么是对别人有益”变得很难或不可能。这并不意味着个人利益可能是不道德的或者要以别人的利益为代价。但是，个人利益应该被置于民主的共同体的目标之内，以鼓励每个公民都能采纳这样一种使自己的幸福与他人的幸福最大限度地重叠起来的观念。

第四，有些人把个人幸福与自己在闲暇时所做的事情过于紧密地联系在一起，这是错误的。拿报酬干活通常涉及全心全意地从事有价值的活动。想想那些真正热爱自己工作的教师或医生吧。但是，许多提供报酬的工作没有跨过这个障碍。像他律的活动而不是自主的活动那样，除了报酬之外，许多工作乏善可陈。这一类工作占用了大量的时间，而人们原本可以将这些时间花在更有意义的事情上。这类工作给人们造成了身体或精神层面的疲惫和痛苦。为了建设一个幸福的社会，我们必须强烈地呼吁减轻那些他律的工作给人所带来的沉重的负担。

116 第 15 章　在一个更加平等的社会里为所有人谋幸福

在第 16 章中我将把在本书第一部分中所形成的关于幸福教育的观点集中起来。我讨论那么多问题都是为了呼吁进行更广泛的社会变革，我们最好从那些社会变革起步。虽然我将重点聚焦于英国，但我给出的建议可在更广泛的范围内付诸实践。

如果学校打算在促进所有人的幸福方面发挥作用，那么这只有当整个社会意识到这一点并且将这一点置于优先考虑的地位时才有意义。在 20 世纪中叶，社会曾经真是这样做的。1945 年后英国推出了“福利国家”政策，以帮助人们摆脱贫困、改善糟糕的住房状况、降低不安全感、消除无知及改善不良的健康状况，阻止了情况进一步恶化。这个时期的经济发展也惠及了这些弱势群体和其他人群，使人们的工作条件和机会得到了改善，也通过节约劳动型的设备减轻了家务劳动量。

但是，在 20 世纪最后 20 年中，为社会的所有边缘人群谋幸福是一个政治目标。虽然 1997—2010 年工党政府做了很多事情来改变这种状况，然而在这一时期的最后几年，英国、美国、葡萄牙仍然是世界上 3 个国民收入最不平等的发达国家。像美国一样，英国的一些指标高于其他更平等的国家：社会成员患精神疾病的比重，社会成员非法使用毒品的比重，婴儿夭折的比重，普通成人和儿童肥胖的比重，青少年（女性）未婚先孕的比重，青少年打架斗殴、欺凌弱小和卷入其他形式的冲突的比重，社会成员坐牢的比重，卫生和社会问题的比重，工作时间的比重，等等。

英国在人口预期寿命和社会流动性方面也低于这些国家。现在在布莱克浦（Blackpool）这样比较贫困的北部城镇，男士的平均寿命是 73.6 岁，而在伦敦市富裕的肯辛顿（Kensington）和切尔西（Chelsea）地区，男士的平均寿命是 84.3 岁，两者之间相差 10 多岁。萨顿信托（Sutton Trust）最近所做的研究表明，1958—1970 年出生的最穷的四分之一人口的生活机会实际上是减少了。

必须采取某种方式使全体英国人而不仅仅是少部分幸运者都能过上繁荣兴旺的生活。如果《精神水平》（*The Spirit Level*）一书的作者所做的分析是正确的（上面的一些统计数据引自该书），那么降低收入不平等就是实现这一目标的关键，因为更加平等的社会也倾向于在上述所有这些方面 117
变得更好（Wilkinson，Pickett，2010）。

越不平等的社会就越有可能误解幸福的本质。例如，传统的观点把幸福与成功而不是与失败联系在一起。从这个视角看，幸福必然是“竞争性商品”：它意味着只有通过把那些接受过更好的教育和拥有更高的收入、更舒适的工作的人与那些在方方面面都弱于他们的人进行比较，才能凸显出前者是幸福的。要想拥有这些“地位性商品”，就需要花费真金白银，其他人也会觉得因为缺乏这些东西，自己的价值也高不起来。

如果英国打算继续沿袭其在“二战”后的驱动力而朝着一个更加平等的社会发展的话，那么英国需要克服历史上的一些障碍。在这些历史障碍投下的阴影的深处，就有救世主式的思考人类幸福的方式。这种思维方式倾向于将人分为三六九等，一些人被标记为成功的人，其他人则被归为失败者，与此相关的就是固化的阶层。如果要克服这些障碍，我们既需要缩小财富和收入差距，也需要改变人们对待社会地位的态度和将竞争性的生活视为“零和游戏”的观点。学校教育的转变可以起到改变人们态度的作用。我随后将讨论这些问题。

与此同时还有如何看待工作的问题。主张“辛勤工作对人的灵魂有好处”的新教伦理也属于历史遗产。你发现很多富裕的人愿意长时间做他们喜欢的工作，比如学术工作、教学工作、媒体工作和医学工作。越是“他律的”工作就越有可能与较低的社会地位相关，其也通常与工作者较低的自尊相关。日子过得紧巴巴的人不愿意把他们长时间修路、在呼叫中心或者垃圾回收站工作视为美好生活的一部分。

记得有一天我和我的小外孙来到塞恩斯伯里(Sainsbury）的一处停车场，当时有4位男士在一处没有围墙的地方干活，我的小外孙被他们所做的事情吸引。他们先把柏油类物质放到手推车里，然后在地上把它们铺开，再压实，之后再进行下一道工序。其中有一个大约50岁的人走过来对我说：“告诉他，让他在学校里努力学习，长大后他就不会像我们这样。”

如果我们的口号真的是为了所有人谋幸福，我们就必须挑战这样一种信念，即任何形式的辛苦又耗时的工作本身是值得被人称许的。

有充分的理由减少落在某些人而不是其他人身上的他律的工作的负担，这应该是政策优先考虑的事情。持续的经济增长直到最近一直被理所当然地看作一件好事，而上述这类问题则被遮蔽了。在这里，我认为没有必要把“减少他律的工作”过分夸大为是对全球可持续发展的一种威胁，也没有必要说“他律的工作”所提供的商品与服务对我们的幸福生活几乎没有帮助。我们需要重新思考什么是生活中真正重要的事情。减少花在不受欢迎的工作上的时间显然比让人们有能力购买汽车而让别人嫉妒更有价值。如果我们所有人都能更加深刻地认识到一个人所体会到的优势可能是以另一个人的不幸为基础的，那我们就应该朝更好的方向前进。

118 新经济基金会（New Economics Foundation）在2010年出版的《21小时》（*21 Hours*）中提出了一个具体方法。它主张逐步缩短一周的“正常”工作时间，将目前每周的40个小时或以上的工作时间缩短到每周21个小时。它提供了一个实用指南，说明了怎样可以引起改变、“21小时制”的好处、将遇到的障碍以及如何克服这些障碍。正如它所指出的，也正如我在绪论中所谈到的，凯恩斯曾经设想到2030年时每周工作时间为15个小时。虽然凯恩斯的预测可能不准确，但是他提出的每周更短的工作时间足以满足令我们感到满意的物质需求，也能够使我们从对经济压力的忧虑中解脱出来，转而专注于如何利用自由时间的观点非常符合新经济基金会的想法。除此之外，每周工作时间的减少还意味着给个人幸福带来一些值得期待的好处，包括更加充实的家庭生活。

对很多人来说，工作令人厌烦的一个原因不是与工作的时长有关，而更多地是与工作的自主性有关。因为有报酬的工作每周要占用 40 个小时甚至更长的时间，所以人们在做什么事情和何时做、如何做等问题上有多大的自主权会对其幸福产生不同的影响。此外，工资越低的工作，其对人的约束就越多。约翰 · 刘易斯（John Lewis）在《合作关系》(*Partnership*）中提出的“员工参与计划”，应该是一个明显的改进思路。人们需要在其短暂的一生中花更多的时间去追求更有意义的生活，而不是在某个后台检查家庭订单，或在收银台附近检查顾客所购买的东西。但是，这些问题不能单单通过就事论事来解决，减少工作时间的一个最重要的前提，是为每个人都提供一份适当且公平的收入，并且这必须是优先考虑的事项。

想象按照这样的思路重构一个社会：人们的收入更加平等，工作伦理对人的限制更小，使更多的人能够过上更加充实的生活。这样的社会形态无疑会对教育产生影响。而在我们现在这样一个社会中，你过着何种生活，与你所从事的工作以及你在由财富和尊重所构成的社会等级中所处的位置有关，因此也就不难理解为什么父母要全力以赴地确保孩子能够接受良好的学术教育。因为只有这样做，孩子将来才能获得大学的学位和一份不错的工作。越是没那么在意你从事何种工作的地方，学校间接承担的压力就越小，学生也能更自由地将注意力集中到知识的吸收和参加有价值的活动上，而较少地考虑自己有什么竞争优势。

在这一新的社会图景中，几乎找不到什么理由像现在一样将大学与中学高年级学生的全日制教育紧紧地捆绑在一起。几个世纪以来，人们认为高等教育应该是学校教育的终点，这一点在人均寿命短的时代是可以理解的，但在一个旨在增进所有人的幸福的社会中，其社会成员可能活到 80 岁或 80 岁以上，几乎没有理由再抱残守缺。

119 这就要求我们用一种不同的方式构想中学后教育，它反对大学是某种特权机构、大学不同于或高于其他职业技术院校和继续教育学院等观念（White，2009）。大学和学院之间的区别更多地是体现在管理层面而不是概念层面，其功能是维持传统的等级结构。

新的社会将创建一个统一的、无差别的中学后学院制度。这些学院将不再专门满足青年人的受教育需求而对其他人只开设少量的成人班级。新的中学后学院的校园里将有各个年龄段的人，他们自行选择以非全日制或全日制的方式参加自己感兴趣的有价值的活动，如实践活动、学术活动和审美方面的活动。

我并不是不为那些高中毕业后想继续深造的 18 岁的学生做打算。但是，我认为不需要给他们施加压力，让他们接受现在这类全日制教育。就像现在许多年轻人在开放大学所做的那样，他们可以从中学毕业后就开始工作，同时接受非全日制的大学教育。可以采取一些财政措施和其他方面的措施鼓励他们继续学习。这里，我想到了我自己所接受的高等教育。我的继续教育始于伦敦大学的伯克贝克学院（Birkbeck College），那时我利用业余时间，以一种热切而认真的学习态度接受它所提供的并不空泛的教育，并在 30 岁时获得了它提供的“夜大”学位——这有助于弥补我在牛津大学布雷齐诺斯学院（Brasenose College）漫不经心地接受全日制教育时所浪费的 3 年时光。

大部分 18—20 岁的年轻人仍然将在全日制学校就读，大部分年轻人将从事某种工作。这里，有必要采取措施以确保这些大学生主要不是来自享有更多特权的家庭。如果我们支持缩短目前每周的工作时长，那么这将使他们有足够的时间做其他事情。可以在金钱或时间方面给予那些接受非全日制教育的学生特别的鼓励。

这种模式将突破大学对中学的束缚，比如大学影响中学的课程设置，并迫使学生将自己目前正在做的事情视为为了将来在社会中谋求一席之地而投身于痛苦的竞争中。在今年，也就是 2010 年，我们可以看到这给人们的幸福造成了多么大的伤害。与以往相比，有更多的学生的成绩是“闪闪发光的 A”，与之对应的是，与以往相比，有更多的学生被大学拒绝。如果不扭转目前这种不利的局面，未来会很黯淡。无数的人的才智和前程将因此而毁掉，无数的人在 8 月份将打开决定他们命运的信封并看到他们多年的辛苦努力化为尘埃。

这是以一种疯狂的方式走在一条疯狂的道路上。如果我们改变了策略，我们就可以使每个学生在中学阶段后面几年的时光变得更加有意义。当然这样做会遇到阻力。对“闪闪发光”的三四年本科生活的想象是我们文化的一个特征——它是对处于底层社会的人的一种激励和人们对跻身上层社会的一种期望。“大学本科阶段是一个人生命中最美好的时光。”这段时光是一个人自由探索的时光、负责任的自我管理的时光，也是自我发现的时光。

如果这对于那些经历了大学教育的人来说是如此美好，那么，当他们尽情享受这些美好时，其他 19 岁的青年则必须为了微薄的工资而辛苦地工作，这公平吗？然而现在的情况就是这样，高年级的学生自然而然地将相对独立自主的三四年大学时光看作对自己多年来千辛万苦地为了通过公 120
开考试而做出的所有努力的一种公平的回报。“每一周的每一天就像是在度假”，谢菲尔德大学（Sheffield University）航空航天工程系的学生在他大学第一学年快结束时这样说。如果我们认为自由的大学生活是一件好事，为什么不对事情做出新的安排从而使每个年轻人都有发现自我的机会？

这似乎是种幻想。但是，无论如何，我们都不要忽视阻断人们通过教育系统上升的通道能给学校带来多么大的好处。想象一下学生们在 14 岁之后从公开考试的枷锁中解放出来的画面！届时，好的教师也没什么理由要通过教学生如何应付这种考试系统而使自己堕落。对于学生而言，有如此广阔的空间让他们可以沉浸在那些吸引他们的学习活动和实践活动之中，对他们开放的、值得他们投入的活动的选择范围是如此之大，他们将不仅对关系满怀热情，而且对艺术、哲学和宗教，以及对一个更美好的世界满怀热情。然而，现在的情况是：为了在普通中等教育证书考试中取得好成绩，或者为了在地理考试中拿到“A+”，学生不得不把自己心中的热情遏制住。让十几岁的孩子们拼命学习，也许可以让他们养成工作伦理所信奉的那一套行为习惯，并得到相应的回报，但是在个人充实的生活这方面，则很难看出这样做有什么好处。

在这一章我概述了在更广泛的社会里学校需要做出的一些改变，这些改变适用于打算做更多的工作来帮助每个学生去享受一种繁荣兴旺的生活的学校。我也知道这些改变不可能在一夜之间发生，但是我们至少可以着手推动这些事情。继续做我们现在正在做的事情，既不合情理，也毫无意义。

第 16 章　以幸福为主旨的教育：更加广阔的图景 121

优先项

新的社会，新的学校教育。如果我们想要建立一个谋求所有人的幸福的新社会，那么学校就需要培养有能力去过幸福生活的人。下面我会详细地论述家庭中的人际关系、幸福目的及相应的学习安排。在此之前，我们先来谈谈优先项的问题。

普遍意义上的幸福如何才能成为一个中心目的呢？毕竟，它并不是唯一的备选项。推动经济发展是另外一个目的，而培养合格的公民也是其中一个目的。另外还有一些并不明显的目的，比如被社会选中的那些事物。

很难想象任何一种目的，不论其是现实的还是理想的，与个人幸福没有一丝关联。经济目的本身并不是终极目的，它们的要点是帮助人们过上更加繁荣兴旺的生活。成为一名合格的公民同样也不是终极目的。

对于有些人来说，教育的很多内在目的看起来更像是反例。我认为可以把这类目的称为“因为学习本身而热爱学习”，或者如同马修·阿诺德（Matthew Arnold）所认为的那样：“教育的内在目的是把人们的所思所想最精华的部分介绍给孩子们。”他的这一主张得到了教育大臣吉布的赞同。

如同吉布所赞同的那样，通常与这类目的相伴随的是对学术性学科的固执坚持以及对学生的身心发展与社会品质的养成的强硬态度。但是，这种情形是不稳固的，容易发生变化。为什么让学生学习经典的文学作品、历史、科学或者数学呢？除非学习能以某种方式给学生本人或其他人带去什么好处？

诚然，本书的主要宗旨是增进孩子们自身的幸福，而前面提到的一些目的更多地关注的是公共福祉。这就引发了我的思考：既然孩子们是这个大的集合中的一部分，那么为什么我们不直接去追求更宏伟的蓝图并瞄准所有人的幸福呢？

我们必须谨慎些。如果学校仅仅服务于公共利益的话，那么每个学生所得的利益不过占整体利益的六千万分之一或一百亿分之一，这取决于分
122 母是全国的还是全球的整体利益。换句话说，学生的利益几乎可以忽略不计。但是，为了整体利益而牺牲学生的利益的做法是极其狭隘的。

我认为我们正在被这种功利主义的思想左右。在“为了每个人的幸福”这面旗帜的指引下，我们关心的是学校在帮助每个学生都过上充实的生活方面能做些什么，而不是仅仅把学生当作完成别的事情的工具。但是，我们对此应提出何种想法呢？学生的幸福就是我们唯一要考虑的事情吗？学生的幸福是最重要的目的吗？

这不是一本一般意义上论述教育目的的书。但是，我假定前面所提到的目的中至少有一些是彼此一致的。如果人与人的幸福是同等重要的，那么现实中被社会选中的目的就确实值得怀疑和有待商榷。但是，经济目的和道德目的或公民目的不需要面对特权问题。如果真有什么优先项的话，那么个人幸福这个目的又应该包含哪些要优先考虑的内容呢？

我们应该留心将上面提到的那几个目的区分开来。在经济方面，我赖以谋生的工作可以为我带来收入，使我能够过上一种充实的生活，与此同时，如果我能全心全意地投入其中而且很享受这份工作，那我还能从中获得一些内在的好处。至于道德目的或公民目的，如帮助别人，也构成了一个人繁荣兴旺的生活的一部分。

这是否意味着教育者（包括父母和教师）应该把为孩子的个人幸福做准备当作唯一目的？他们是否应该将自己所有的精力都用于帮助每个孩子

过上繁荣兴旺的生活?

倘若他们教导孩子在涉及自身利益时要慷慨大度，这似乎是可行的。如果他们要严格区分利己主义和利他主义，那么这种教导很难持续下去。但是，我在这里假设他们会鼓励孩子要善良、对人友善、主动关心周围的人，鼓励孩子把这些利他的行为当作利己的行为并在做出这些行为时能乐在其中。即使是对待那些与自己不甚亲密的人，也要保持这种美好的品质。由此，我假设孩子能将本地范围内、本国范围内和全球范围内“他人的幸福”看作与“自己的幸福”息息相关的东西。我也赞成以下观点：人们要去做的那些有益的且有吸引力的工作，应当对实现其自身的幸福生活的目的有内在价值，而不是只具有工具价值。

我必须谨慎些，不能要求太多。漫漫人生路，人与人之间不可能总是利益高度一致、不与他人发生任何冲突。与朋友和家人每周烤两次鱼总是迫使邻居们识趣地离开自家的花园。然而，我们需要试着公正地看待事情，我们也都需要体谅别人，此外，我们还需要具有其他一些常见的美德。如果我们能够带着烤好的鱼去拜访住在隔壁的邻居，那么从某种程度上说，我们的幸福就与他们的幸福联系在一起了，这样人与人之间的冲突就转变为个人内心的冲突，就像一个人犹豫自己到底是去散步还是去读小说。但是，为了保险起见，我们最好还是就此打住，不再声称学校唯一应该做的事情就是增进孩子的幸福。

最后还有一种观点。也许有人会同意我所说的一切，甚至赞成只对一
部分人实行一种特权教育，而对另一部分人实行次一等的教育。每个孩子 123
的幸福本应同等重要，但是照这种观点来看，某些孩子的幸福比别的孩子的幸福要优越得多。

大多数平民子弟学校把学生生活的繁荣兴旺视作中心任务，让学生参加各种有吸引力的活动，拓展他们的视野，同时还努力把使学生为未来的工作做准备与培养合格的公民结合在一起，并且突出关系在充实的生活中的中心地位。但是，学校能做的事情始终是有限的。钱是个问题。此外，

还有一些问题：平民子弟学校的活动空间不够大；科学实验室面积太小，设备也不够好；班级规模太大；难以聘请到优秀的教师。

而在城市的其他地方，贵族学校的学生拥有他们所需要的一切：藏书丰富的图书馆、室内游泳池、宽敞的活动场地、一对一的个人辅导、有时间和机会发展自己的兴趣……。令人高兴的是，根据本书所列出的个人幸福的评判标准，从这两类学校毕业的大部分学生都能在今后的生活中表现良好。

对于那些毕业于平民子弟学校的人来说，他们在家庭生活与朋友情谊等人际关系方面所体验到的充实程度要高于他们在工作中所体验到的。他们没有时间去探索学校向他们开放的那些文化世界，后来，他们的文化品位也就慢慢降低了。他们中的大多数人也并不富有。为了维持正常的生活，他们不得不工作、做家务、交暖气费、买房子、去医院看病等，这些琐事不仅占用了他们大量时间，同时还经常让他们感到焦虑。即便如此，与世界上那些生活状况更糟的人相比，甚至与他们自己的祖辈相比，他们已经过得很不错了。

贵族学校的毕业生们过得更好。他们中的大多数人都能找到一份自己喜欢的高薪工作。他们不需要为了满足基本的生活需求而花费太多时间，这样他们就有更多的时间来追求自己内心向往的东西。除了处于突出地位的人际关系之外，他们还有很多其他方面的兴趣，其中一些兴趣很费钱。然而，尽管他们比平民子弟学校的毕业生们拥有更多空闲的时间，但是他们从来不会给自己留出足够多的时间来享受生活的乐趣。

这个对比的关键之处不是进行社会批判（尽管它可能会对社会起到某种警示作用），而是进行理论思考：仅仅强调幸福对学校活动的重要性是远远不够的。即使学校这么做了，每个学生最终也将只能得到最低程度的幸福，事实上，仍然有一些人能够极大地超越学校的做法而从生活中得到更多的幸福。

对一些社会规划者来说，这并不是个问题。对他们来说，最关键的地方在于必须设置一张能“兜底”的安全网以保证没人会掉下去。此外更重要的是，他们会告诉你：人与人之间总是存在差异的，只有那些受意识形态主导的平均主义者才会努力地消除所有差异。

我赞成他们对这种平均主义的厌恶，但仅限于这一点。生活在布莱克浦地区的男士的寿命要比生活在切尔西地区的男士少 10 年，这样一个事实是否会困扰我们呢？反平均主义者也许会说：“那又怎么样呢？对于他们来讲，能活到 73 岁已经够长寿的了。”但是，对于那些心地仁慈的《卫报》读者们来说，他们此时最想做的就是思考以下问题：10 年在人短暂的一生中所占比例是很大的，那些已经去世的布莱克浦人本来已经对自己
今后的生活做了周密的安排，然而这一切还没来得及实现人就去世了，这 124
真是一件令人感到悲伤的事情。两者之间一个月的差异或许不足以令人感到惋惜，10 年就……

在推出教育政策时，我们应该努力确保我们一直坚持的“为所有人谋幸福”的呼吁在落实过程中绝不会出现像上述例子中那么大的差异。

学校与家庭

薇洛（Willow）一出生，就生活在一种亲密而又充满爱的人际关系之中。大约在她出生后的第一年里，随着她逐渐能够按照自己的意愿采取行动，她的父母积极地引导她玩各种游戏，比如：捉迷藏，将小车从弯弯曲曲的塑料滑道上推下来，翻那些摸起来很粗糙的书。看到薇洛能以极大的热情投入这些游戏之中，并且熟练程度与日俱增，她的父母由衷地为她感到高兴。

如果繁荣兴旺的生活就是一个人能够全心全意地投入那些有价值的关系和活动之中的话，那么薇洛已经走在通往这种生活的道路上了。当她步履蹒跚地推着自己的学步车在花园里玩耍时，她似乎完全沉浸在自己的世界里。与此同时，她也很喜欢去艾丽·帕利湖边喂鸭子，喜欢参加枕头与

羽绒被“大战”的游戏，如果有人要求她把自己的木块放入玩具盒中，她也会很乐意做这件事。尽管她对于这些活动的意义茫然无知，但是这些合作性的活动让她体会到自己的幸福是与别人的幸福紧密地联系在一起的。当她坐在高脚椅子上，将自己手中的一片比萨扔到厨房的地板上，她会看到奶奶满脸的不高兴，随后她自己也变得难过起来。尽管她还不能确切地理解这件事，但是她再一次认识到周围人的喜怒哀乐对她来说很重要。

当薇洛慢慢长大了一些，她的父母和其他看护人开始进一步为她的幸福生活奠定基础。他们和薇洛玩一些简单的拼图游戏，和她在公园里踢球，给她讲故事，还带她到温波尔·霍尔庄园去看猪和羊。薇洛的活动范围在不断扩展，而她自己也能够更加深入地参与这些活动了。

尽管她还远未成为一个成熟的、自主的人，她也不能做出明智的、有价值的选择，她更不能有效地解决各个选择之间的冲突，但早在她学会说话时，她的父母就给予她足够多的自由去决定自己做什么，并且鼓励她勇于表达自己的好恶。

尽管她还远不是一个具有民主意识的成熟的公民，但早在她是一个小孩子的时候，她就已经朝此目标踏出了第一步，即人要适应这样一个人文世界：凡事要讲道理，与人相处要懂得尊重他人。

父母和其他看护人帮助她了解周围的世界。他们鼓励她去接触青蛙、毛毛虫，去体验自然界的其他乐趣，他们还和薇洛玩一些富有想象力的游戏，从而逐渐培养其幽默感。他们一直努力将薇洛塑造成这样一个人：自信、自立、有耐心、乐于助人。他们要让她明白，她不能随心所欲，他们
125 不会让她吃太多不健康的食物、喝太多不健康的饮料。即使当她不小心摔倒，受了点小伤时，他们也努力让她学会不要大惊小怪。

通过以上方法，包括让薇洛投入各种活动和关系之中以及培养她对这个世界的认知能力、想象力及其性格特征，薇洛的父母和其他看护人逐渐使她具备了过上充实的生活所需要的各种品质。

按照这种模式，学校就成为家庭的自然延伸。学校把学生的幸福生活

作为自己的目标，帮助他们去过丰富多彩的生活，也帮助其他人实现这个目标。通过阅读，学生打开了视野，接触到更多新的有价值的事物，这个过程也可以培养他们的理解能力和想象力。学生还将学会与数字打交道，探索各种新的实践活动，努力从人们日常所做的工作中得到更多乐趣，并且学校还将其作为预备公民，引导他们参与对那些重要问题的集体讨论。

因为父母和教师的总目标是一样的，所以他们应该紧密合作。在孩子成长的每个主要方面，父母和教师都有其不可替代的重要作用，比如：确保孩子能够热情而成功地投入各种活动和关系之中；不断扩展和加深孩子参与这些活动和关系的广度与深度；随着孩子各方面趋于成熟，给予他们积极的鼓励，让他们能够自主地选择自己要参加的各种活动和关系；进一步提高孩子对周围的自然世界和人类社会的认识；让孩子明白自己的幸福与他人的幸福息息相关；致力于培养孩子——无论是作为独立的个体还是作为社会的公民——过上幸福的生活所必须具备的那些品质。

当然，父母和教师之间是存在差异的。就对孩子的了解程度而言，教师并不像父母那样细致入微。但是，就多角度地拓展孩子的个人经验而言，家长又不能像教师那样拥有足够多的时间和学问来对孩子进行集中教育。不管怎样，过分夸大父母和教师之间的差异性和过分弱化二者之间的相似性的做法都是错误的。事实上，在对孩子进行教育的过程中，父母和教师的总目标是一样的。他们之间的合作越密切，孩子的教育就会越没有漏洞，也会越和谐。

我们可以尽量缩小父母和教师之间的差距。大规模地缩小班级规模是当务之急。如果学校教育主要意味着向学生传授简单的技巧或让学生机械地学习，那么 30 个人的班级规模还能说得过去；但是，当教育变得越来越个性化时，班级规模就需要缩小。好的私立学校和那些将孩子送入私立学校学习的父母都明白这一点，这就是为什么他们选择将孩子送进只有 15 个人而不是 30 个人的班级去学习的原因。直到经济开始衰退之前，苏格兰的公立教育一直都在快速地向这一方向发展，社会也要求将小学阶段前三年的各班人数控制在 18 人以内。

这个观点也引起了一些争议。有调查表明：即使班级人数控制在 18—25 人，学生的成绩也不会有明显的提高。对于那些不想在公立教育上投入更多资金的人来说，这或许是个好消息。但是，我们必须记住，这些调查是在我们所熟知的教育体制内进行的，这类学校的教育活动深受其他一些价值观的影响和驱动，而非我在本书中加以辩护和提倡的那些幸福
126 观念。夸美纽斯是 17 世纪传统学术课程的奠基人，他所倡导的一切都是为了提高教学效率，一旦你运用他的方法进行教学，一切皆有可能。夸美纽斯说：“我坚持认为，一个教师同时教几百个学生，这不仅是可能的，也是必要的。因为不论是对教师还是对学生来说，它都是迄今为止最先进的教育体系。”(Comenius，1638/1907，p. 164）即便今天最吝啬的减税者也很难想出这样的方法。但是，所有与效率相关的事情，包括要求孩子安静地坐着听教师讲课，以一种正确的方式教孩子学会阅读、考试，鼓励孩子加入竞争中，……所有这些离开了孩子和教师的支持就难以开展，最终也不会有什么效率可言。

如果教育仅仅是传授知识，那么机械式教育就会有最大的用武之地。几何学是不会关注人的个性的，它只要求学生上课时记住圆周长的计算公式，不管学习这个公式的学生是一个日渐成熟的 13 岁少年，还是一个仍然热衷于捡贝壳的孩童。因此，教育体制越是忽视孩子的个性化发展，我们就越接近夸美纽斯的想法；我们越是关注孩子的幸福，小班教学就越无可争辩。

认真对待目的

什么样的课程才能和我们心目中的理想学校匹配呢？也许，这样的课程是与我们传统的学科本位的课程相背离的。我简略地看了本书第一部分

第 2 章论述的英国的国家课程的形成过程，在此，我注意到该课程方案十分重视学生对科学、数学、历史和地理知识的掌握，但比较忽视学生对艺术、个人生活及公民生活等方面的学习和了解。后面的章节也再次强调了这种奇怪的排序。

我们必须反思英国的课程设置。它的缺点在于设计者一开始就从一个错误的地方着手，其仅仅罗列了一个包含各门学科的清单，而正确的做法应该是首先确定一个总体目的。教育如同其他一些实践性较强的企业，从家具制造到药物研制，你必须首先明确自己打算去哪里。从一开始，你就要明白，你首先需要的并不是达到目的的方法，比如，用胶水将木头粘在一起或者使用听诊器来诊断病情，相反，你要从一个基本的目的起步，比如制作人可以坐的东西、促进人的健康。教育活动也是如此。你不应该从选定的学科清单着手，并且让学习严格限定在这些学科之内（譬如，按照课程表所列的学科，学习现代外国语或音乐）。相反，你应该首先从“学校教育的目的”着手。

一旦你决定要制作一个供人坐的东西，那么接下来你就要设计一种合适的东西。你打算用什么材料？如果你选择用木头而不是金属或塑料，那么，你选择何种类型的木头呢？最终的产品看起来会是什么样子呢？怎样才能将木块拼接、固定起来？

教育同样需要规划，只是教育的整个规划工作会更加复杂，因为将目的具体化非常困难。假设我们同意教育的目的就是让孩子们过上充实的生活，如何才能过上这样的生活却又很难描述出来。毕竟，我是历经艰难曲折、占用了本书大量的篇幅才对此做出了合理的解释的。

下一步就是设计符合这个要求的学习内容。什么样的学习内容是最合 127
适的呢？我们希望孩子们拥有什么样的个人品质呢？他们需要了解哪些东西呢？他们应该具备什么样的心智技能和身体技能呢？

下面我就这一抽象的方案做更多的说明。但是，有一点已经是显而易见的了：该方案所要求的复杂与细微的探索结果不太可能作为一门课程进入人们所熟悉的学科序列之中。

这样做是没有任何意义的。在学校教育中，单纯的课堂学习是一种学习方式，但不是唯一的方式。实践性的课题、讨论、日常体验、习惯化……，可以采用的学习形式有无数种，为什么人们非要优先选择传统的学习方式呢？

我梳理了自己所能了解的一切，以便能为结构化的学科课程找到一些正当的理由，但是迄今为止，我仍无头绪。你可以试着解释为什么结构化的学科课程会对人的思想产生如此强大的控制力，但是真要找到一个充分的理由，那就是另外一回事了。我现在也不打算涉足这些领域，因为我已经在《中学课程的发明》（*Invention of the Secondary Curriculum*）这本书中对这些问题进行了详细的讨论。

也许你们也有误会我的时候，就像《每日邮报》（*Daily Mail*）偶尔也会有不实报道那样。我根本不是主张孩子们不要学习历史、科学、地理或数学，相反，如果孩子们想要过一种丰富多彩的生活，其就需要了解各种课程。唯一让我不满的是这种体制——它的存在使得课程种类变得神圣不可侵犯，而且，无论是课程计划的开始实施还是完成，秉持的都是一种学科之间互不关联的总体设置框架。

请允许我举例说明。在过去的50多年里，在英国的中学里，历史学科的教学在不断发生变化，且越变越好。而在半个世纪以前，历史学科对外界毫不关心，其主要只是负责将英国政治发展史的事实最大限度地灌输给那些学习态度十分消极的学生（Husbands *et al.*，2003）。如今，学生的学习变得更加积极主动，教师讲授的内容与社会紧密相连，更加关注更宽泛的教育目的（pp.10–12）。教师也更多地将历史学科看作提高学生道德水平和公民意识的途径，而不是一些供人们学习和研究的死知识。他们关心的是历史学科的教育价值，例如包容、对多样性的尊重、对不同态度和信仰的理解。（p. 123）

这无疑是一大进步。推而广之，数学、科学、外语学科的教师是否在其教学过程中也能适应这种广泛的社会目的？这可以另当别论，但至少历史学科的教师已经向人们展示了这种转变是完全有可能的。

但是，对于学科专家来说，前进道路上还有很多艰难险阻。因为如果一开始就把提高学生的道德水平与公民意识作为教学目标，并且这种目标也没有脱离历史学科的内容，那么在其他众多的历史事实中，奴隶贸易或者伊斯兰教的历史知识在教学中应该具有怎样的优先性？尊重多样性和其他美德等传统历史学科之外的话题及其教学方式有所变化吗？一旦学科专家离开自己狭小的专业领域转向更宽泛的目的时，他们就是在拿本学科在课程体系中的神圣地位冒险。

英国的学校课程在衔接上是比较混乱的，比如 19 世纪 60 年代以来英 128
国中学里新增的一小部分学科并没有得到传统课程主义者的认同。但是，20 世纪以来，这些新增的学科不断发展，其对象由最初的一小部分人逐渐扩展，特别是自 1988 年以来，不仅是所有中学生，就连大部分小学生也都接受了这些学科。与此同时，它们也在学科协会中加强专业联系，形成壁垒，反对其他新型学科进入，并且还进一步提高自身在考试结构中的地位。

这就是为什么近些年来的课程改革始终未能削弱它们的势力的原因。根据 1999 年英国国家课程要求制定的一系列总体目的并没有对这些学科的内容产生实质性的影响。2007 年英国又进行了一次“基于目的”的课程改革，但此次改革只能算得上是一次三心二意的改革。由于政府坚持维持原有的学科设置，因此，它无论如何也不能算作一次成功的改革。如果这种基于目的的取向将来被认真对待，那么人们也就不该对那些促成目的实现的各种手段怀有偏见。需要反复说明的一点是，学校的学科只是实现学校教育目的的众多手段中的一种罢了。

在 2010 年 5 月下旬举办的联合会议上，教育部的官员戈夫和吉布明确提出要重点支持历史等传统学科优先发展，这对于教育界来说也是意料之中的事情。激发这些保守派的或许只是保守主义——就他们坚持那些过去所发生的事情来说。但是，也有可能不止这些。当我还是一个孩子时，“二战”结束后，学校一直采用的是遭受了几十年争议的课程，这些课程与文法学校紧密相关。那时只有 10%—20% 的孩子（主要来自中产阶级家庭）在文法学校读书。以这种方式受教育的父母倾向于向自己的孩子传递这种态度：必须在这种教育体制内取得成功；勤奋而努力地掌握现行体制要求学生学习的各种知识，不要费心去追问学习这些知识到底是为了什么。

既然历史这门课程对于所有人来说都是强制性的，与过去那些缺乏包括历史在内的学术性学习经历的人相比，现在有更多的人拥有这方面的优势。这一事实得到了广泛的认可，甚至在右翼势力的圈子内也是如此。以右倾智库专家奇维塔斯（Civitas）为例，他最近在刊物上对国家课程做了如下论述。

> 一般来说，孩子的社会背景越优越，他们也就越容易掌握传统课程。这很有可能是真的，原因很有可能是这样的：与那些社会背景没那么优越的孩子相比，社会背景优越的孩子往往会对此类课程的价值给予更高的评价。（Conway，2010，p .71）

如果教育改革者试图将课程建立在全新的基础之上的想法引起了政客与更多的特权集团的联合抵制，那一点也不足为奇。

129 让我们回到本书的中心主题。一个像英国这样富裕的国家是完全有可能通过教育或其他方式来使每一个人，而不仅仅是那些处于优势地位的人，都能过上丰富多彩又富裕的生活的。对传统的课程模式的固守，会阻碍这个目标的实现。

我最喜欢的蒙提·派森（Monty Python）的一幅画呈现了以下场景：一群威尔士煤矿工人一边在地下采煤，一边热烈地谈论着他们对百年战争的不同看法。今天早晨我去报刊亭买报纸然后回家，在回家的路上，当我看到那些园丁、门窗清洁工、出租车司机、往阁楼里搬东西的搬运工人、一些从巴尼特市政公园部过来的工人以及小商店的店主与我擦身而过的时候，我再次想起了这幅画。假设他们都曾经学过传统课程，那么对于他们来说，这些传统课程的价值有多大？他们能够从所学的法语课、几何课及关于中世纪的历史课中获得什么？

请不要简单地认为我上面所说的话带有这样一种暗示而对其持怀疑态度，即认为我所说的话暗含着应该将面向普通民众的教育调整到一种几乎无所作为的地步。相反，我希望看到这样一种局面：学校可以为孩子提供一种比现在大多数已有的教育更丰富、更具挑战性的教育。如果把社会比作一个共同体，那么我们希望这个共同体中的每一个人都具备过上充实的生活的必要条件，包括足够的收入和空闲时间，可以很容易地接受不同层次和水平的中学后成人教育。这种教育愿望无论如何都应该被视作有意义的。

在努力迈向幸福生活的过程中，我们需要以一套合理的目的作为教育的基础。当我说到“基础”这个词时，我指的是它的字面含义。我并不是说传统的学科体系不够充分，而是说它们需要补充一个总体目的的说明。过去十几年里，我们一直都有关于各种目的的说明，但这些和之前的东西几乎没有什么差别。这是因为如今的这些学科也和以前一样根深蒂固。将总体目的作为学校教育的基础就意味着要从最初较为一般的目的出发，并将之转换为越来越明确的子目的。其中一些目的可能会让我们关注目前的学科中所包含的材料。在接下来的两小节中，我会对这一目的的形成与转换过程做更多的说明。

对幸福这一目的的最初一瞥

如果家庭教育和学校教育的宗旨就是要让每个人都能过上一种繁荣兴

旺的生活，那么，更加确切地说，两者又该怎么做呢？总结本书第一部分中的讨论内容，我们可以做如下阐述。

“以幸福为主旨的教育”要求让孩子准备去过这样一种生活：可以自主地、全心全意地、成功地投入有价值的活动和关系之中（见第 8 章）。父母和教师可以让孩子独立地做出选择。这就意味着父母和教师要了解孩子，有时可以运用自己的想象力来明确孩子未来可能面临的一系列选择。同时，它也意味着孩子现在就要投入有价值的追求中。这会导致如何在可
130 供选择的活动范围内挑选出自己中意的选项这一难题。第 7 章和第 8 章中有例子着重关注了投入有价值的追求中这个方面。

一个自主的个体要具备的能力比一个 2 岁的孩子在玩小挖掘机与玩火车模型之间做出选择的能力要多得多。一个自主的个体还要具备其现在还远未具备的那些好的个人品质和较高水平的理解能力（见第 8 章）。下面我会对此做更多的说明。与此同时，孩子的这种做出选择的能力可以为其日后做出更加深思熟虑的明智的选择奠定基础。

如果“全心全意”是幸福的关键（见第 8 章），那么我们应该期待它渗透到每一种学习活动中。尽管对于孩子来说，尽职尽责地完成他人分配给自己的任务是不够的，但它可以使孩子获得令人印象深刻的、可观的成就。全心全意并乐在其中是一个比今天的学校中的常规的目的更加有价值的目的（见第 6、第 7、第 8 章）。厌倦、苦闷、注意力不集中及扰乱课堂的现象应该越来越少——尤其是对那些在学术道路上埋头苦读但最终没有取得好结果的学生而言。同其他事物一样，学校生活应该更接近我在第 15 章中所勾勒的美好的家庭生活。

就成功地选定并投入某种活动这个方面来说，成功是适合我们每个人的一个教育理想和社会理想：丢开坏运气和误判不谈，每个人的生活都应该是成功的而不是失败的（见第 6 章）。这和名声或名望无关（见第 5 章），也与最终是不是能够得到高于普通人的收入和社会地位无关（见第 8 章）。其也不要求个体按照某种人生规划来生活（见第 9 章）。

父母和教师都需要明白什么才能算作具有内在价值的追求。他们必须避免两种极端：第一种极端是，认为任何一种活动都具有与恰好符合某个人的偏好的某些活动一样的价值（见第7章）；第二种极端是，认为只有那些被限制在一定范围内的活动才能算作真正有价值的活动，例如某项智力活动或文化活动（见第8章）。有理由让有价值的活动的范围变大：只要某项活动能够达到人们是自主地、全心全意地投入其中这样的条件，那么不管它是何种类型的活动，也不管它是否提供报酬，它都算是一种有价值的活动（见第9章）。它也包括那些合作性的活动及其他要么是以面对面的方式、要么是在公民层面上进行的旨在增进人们幸福的活动。人际关系，特别是友谊和人与人之间的亲密关系也是繁荣兴旺的生活的重要组成部分，学校和家庭应该竭尽所能地使孩子具备过上这种生活的能力。

父母和教师需要在有真凭实据的前提下自信地对活动的价值做出判断，并把这种技巧传授给孩子。鉴于民主社会要求人们尽可能持续地对“什么使得生活值得一过”予以广泛讨论，因此，培养孩子的这种判断力和加强民主社会的建设具有直接的联系（见第11章）。除此之外，父母和教师还要使孩子明白对有价值的活动不能浅尝辄止，要深入地了解它们并愉快而热情地投入其中，确保孩子能与大家共同关注的那个世界保持联系，从而不至于在自己极端狭隘的专业技术领域内故步自封、迷失自我 131
（见第12章）。

艺术，特别是文学，在这里非常重要（见第12章）。以下是一个赋予艺术很高地位的实例。与我们的成长一路相随的课程传统特别重视知识的掌握，但忽视了那些富有美感和想象力的活动。即便是在今天，艺术学科，特别是文学，也在某种程度上被知识传统同化了。我们的考试和测验系统看重的是那些能够对文本进行批判性评论的人，而不是那些欣赏文章之美并乐在其中的人。直到最近，英国公立学校中所有年满14岁的学生都必须参加与莎士比亚的戏剧（如《麦克白》）有关的国家考试，同时他们还需要回答一些关于剧中情节、人物性格特征等事实类问题。

在一个宗教观念在现实生活中并不受人重视且将今生的生活视作理所当然的时代（见第 2、3、13 章），艺术和自然之美对我们而言应具有更大的意义。如果有了适当的方向，人们很容易被画家、音乐家、诗人及其他艺术家为我们创造的充满感官快乐和人情味的世界所吸引，同时，人们也愿意深入探讨那些对我们有吸引力的作品。与培养人们对数学或化学的兴趣相比，通过这种方式使大多数人醉心于艺术更加容易。有些艺术形式，特别是文学，就是艺术家们对那些或是在现实中存在或是人们在头脑中想象出来的东西带给我们的各种感官刺激予以提炼加工，进而形成的一个个虚构的作品，其能带给人们更深层次的感受和反思。

主要的个人品质

“以幸福为主旨的教育”要求孩子一方面养成良好的个人品质，另一方面具备一定的理解能力，而且，这两个方面应并驾齐驱。随着孩子理解能力的提高和理解范围的扩大，其个人品质将得到发展。事实上，与理解能力相比，个人品质显得更加重要。对父母和教师来说，他们首先要考虑的是孩子要成为什么样的人。他们希望孩子乐于助人，愉快地投入自己所做的事情之中，能够积极应对生活中的挫折，同时他们还希望孩子能够成为幽默的、富有想象力的、自信且谨慎的人，并且能够以一种正确的方式与他人相处。

我随后将更加系统地谈论孩子如何获得此类品质。我们所做的大多数练习最初应该都不是为了使孩子精通法语、理解物质的原子结构或者具备解决代数方程的能力。在教育孩子的过程中，这些事情或许比较重要，或许没那么重要。但是，即便它们比较重要，那也是因人而异、因场景而异的。在孩子的成长过程中，其首先应该拥有的是繁荣兴旺的生活所需要的各种优良的品质，这应当成为教育的起点。我们并不是要让孩子在代数和拉丁语方面表现得多么出色，更不是要让他们变得焦虑不安、愤世嫉俗甚至是成为虐待狂。我们需要先做那些最要紧的事情。

那种完全割裂家庭教育和学校教育，认为孩子应该单独跟着父母学习做人、单独跟着教师学习知识的观念是极其错误的。父母和教师都是教育者，双方应该为了共同的目标而努力。其中，孩子的品质是最重要的培养 132
目标之一。

我在本书第一部分第 4 章讨论了过一种繁荣兴旺的生活所需要的各种必要条件，例如住所、健康、最低收入和自由的状态。父母和教师需要培养孩子在这些领域所必需的那些品质。

以健康为例。人类属于生物，其发展不应只局限于心智方面，为了真正做到这一点，学校需要付出努力。学校过去仅仅是狭隘地理解学生的智力，认为发展学生的智力就是让学生理解、消化信息，训练学生系统地思考问题的能力，让学生整理、推导、总结和记忆自己所学的知识。长此以往，学校慢慢地就忽视了学生身体的发展，将学生限制在课桌旁，以使他们尽可能免受干扰，从而将更多的时间用于智力活动。

亚里士多德是前基督教时期伟大的思想家，他认为，人性根植于生物性。在我们弄清楚什么是幸福之前，我们应该从认清人固有的身体欲望和情感开始，同时我们也要着手培养孩子的各种习惯，使其能很好地控制这些欲望和情感。近些年来，学校已经逐渐向这个方向努力，开始关注学生的健康与情感教育。遗憾的是，这些教育仅仅是作为“真正的”课程的“辅助课程”而展开的，并且它们有时还被当作针对年轻人中存在的社会问题，比如吸毒、未成年人（少女）怀孕、肥胖、反社会行为的一种应急之举。

我们需要退一步。我们生来就有身体欲望——吃东西、喝水、进行体育活动、休息等，我们必须学会应对这些。要做到这一点，从婴幼儿时期起，父母就应着手训练孩子的控制能力，并且这种训练要一直贯穿孩子的整个童年和青少年时期，直到孩子终于拥有越来越强的自主控制能力。这涉及帮助孩子学习对做什么、怎么做、何时做等做出明智的判断，这种判断远不是根据简单的规则就能做出的。

为了对自主控制能力进行更充分的说明，我举了吃东西的例子，请参阅本书第一部分第 4 章。通过这部分内容，我们已经了解到孩子在学习此类行为时他们的理解能力也在发展，这种理解能力通常包括：逐渐明白哪些食物对自己身体有益和有害；在社交场合，怎样做才是恰当的；根据环境变化灵活地调整自己的需求；社会和商业压力会导致自己饮食不当。至于其他身体欲望，我们也可以得出相同的观点。因此，我们有理由将这些欲望纳入我们对教育的所思所想中，同时，我们也没有理由将体育、校餐和性教育分开，将它们看作彼此孤立的事项。

类似的模式，比如早期习惯、不断提高理解能力、做出明智的判断、根据周围环境做出反应和采取行动等，同样可以用于控制诸如恐惧、生气、高兴等天生的情绪和在不同文化中后天形成的情绪，例如愤怒、羞愧、焦虑，此外还包括或强或弱的自尊心、信任、自信、给予他人爱与温暖等。由于孩子有身体方面的欲望，因此他们也会在成长的道路上犯各种
133 各样的错误。人的整个成长过程并不是像传统观念所认为的那样是人简单地严格控制自己的各种情感的过程。相反，这一过程是如此的微妙和精致——特别是生气，何种情况下应该生气或表现出这种情绪？到何种程度？对谁生气？以哪种方式？在这里我不是要强调文学可以通过想象力对我们的情感进行加工，而是想再一次强调我在上面所讲的内容，即艺术应在教育中占有更加突出的地位。

情绪管理对我们的健康很重要：过度焦虑和沮丧与极低的自信心有关。除此之外，更重要的是其会极大地影响我们投入充斥于我们生活中的各种活动和关系之中。以幸福为主旨的教育很大程度上就是要塑造孩子的爱——爱工作、爱大自然、爱园艺、爱读小说、爱骑自行车……，即爱那些深深吸引我们的活动；由于面对不同的人，我们会产生不同程度的亲近感或距离感，因此，在与他人相处时，我们也会形成不同的爱。这种因人

而异的各种各样的爱与父母和教师鼓励孩子去养成的那些优良品质密切相关，这些品质包括：尊重他人的自主性、赞美他人、互相帮助、诚实、公正、友好、善良、幽默、关心社会时事等。

作为自主的个体，无论我们喜欢什么，也无论我们怎样选择自己独特的生活道路，我们都必须养成一种更加普遍的品格。它的功能在于使我们的生活适当地聚焦于某个事物，并在某种程度上把我们团结在一起，而不至于变成一盘散沙。

说起“聚焦”，我是指我们在所从事的各种项目中都需要坚持、自信、灵活应对不同情况，并且能够积极应对和克服各种困难与障碍。

说起“团结”，鉴于我们需要掌握多种不同的价值观，并且这些价值观都对我们具有一定的号召力，因此我们必须在不同时刻采用一些方法来判断它们对于我们的重要性，同时还要抛开自己那些已有的想法与成见。有时是无关紧要的事，比如，我怎么度过这个空闲的夜晚？有时可能矛盾重重，比如，我是要一心扑在工作上而忽略我的朋友吗？

那种纯粹为了人际交往而参与某种活动的行为当然是不足取的，因此有必要在人际关系上投入的时间和在某种活动上投入的时间之间保持平衡。无论我们形成了哪种品质，我们都必须避免不恰当的行为：一方面，我们将全部精力用于我们所追求的事物上，以至于深陷其中，根本无法停下来去思考那些有必要去思考的事情；另一方面，我们又在过度反思中迷失自我。

随着孩子的价值世界变得越来越丰富，其也面临着价值冲突，因此也就越来越需要进行反思。反思是种美德，如何才能获得这种美德？要知道对不同价值进行反思的教育是被传统的学术类教育回避的，因此现在有充分的理由要求父母和教师重视这类教育并把它发扬光大。

这同样适用于其他与团结有重合之处的美德，例如，看待事物的正确态度。对于我们每个人来说，我们的价值观会逐渐形成一定的层次结构，尽管这样的层次结构不一定具有系统性。我喜欢吃巧克力、和我的外孙一 134

起玩、写一些关于教育方面的文章、看一些侦探类的电视节目、参加哲学研讨会、听一些闲谈、喝特定品牌的葡萄酒、阅读诗歌以及做其他很多事情。我努力去理智地对待这些事情，将更多的时间花在那些对我来说很重要的事情上，尽量避免吃太多巧克力或者看太长时间的电视，不允许自己在一些琐碎的事情上耗费太多精力，而当我认为自己应该继续坚持写作的时候，我不会放纵自己继续浏览报纸。就像我们一样，随着孩子的价值世界越来越丰富，他们也要学会正确地看待事物，而不应随波逐流。

那些认为学校是知识供应基地的人很少赞成这样一个观点——学校最重要的一个功能是帮助学生学会认识自我。就像简・奥斯汀的小说中的人物爱玛（Emma）一样，人们很容易自欺并深受其害。由于我们具有一定的洞察力，因此和能帮助我们看清真实的自己——“我”究竟是怎样一个人——的人在一起，是我们获得自我意识的一个很好的途径。它是使我们始终把精力聚焦于那些对我们来说最重要的事情的主要美德。当然，我们也不应将其和专心致志相混淆，之前提到过的关于过度反思的观点在这里也同样适用。

正如我们在第 12 章中所看到的那样，认识自我是一种实践美德，关系到贯穿我们一生的总的自我指导。与学术类教育传统所提倡的大量知识或法语动词的将来时态相比，认识自我更加重要，因此，它应该成为以幸福为主旨的学校教育的中心任务。在日常的人际交往、欣赏文学和电影、讨论问题以及自我反思与自我表达等过程中，个体认识自我的能力能得到快速提高。

知识与理解

除了认识自我，理解社会与自然界也是我们每个人所接受的教育的重要组成部分。但是，我们应当按照现在这样的做法来培养孩子的理解能力吗？我们首先是根据一定的标准将知识领域分为若干学科——数学、历史、科学等，而每个学科内部的知识建构则是由相关专家完成的，并且每个学科的专家都有自己独特的建构方法，比如，他们将初等数学划分为算数、代数、几何三个部分，同时他们又对这三个部分进行了更加细致的划分。如同我们所看到的历史学科那样，学校已经开始对学科进行调整，以使之能够更加适应外部目标。但与此同时，传统的学科模式仍然“我行我素”。比如，在中学的第一年，“英国 1066—1500 年”仍然是一个通用的课程模块。

有一种替代方式是从总体目的着手来选择知识。下面以前面所讲的“看待事物的正确态度”这种品质为例。孩子之所以有时会认为比较难以形成这种品质，其中一个原因就是其具有基于同伴群体及媒体所产生的某种欲望，比如成为名人、喝酒、吃高脂肪食物、买时尚的商品等，这些给 135
他们带来压力的同时也挤掉了其他有益的事情，孩子必须了解这些压力与隐藏在这些压力背后的经济利益。

无论我们从这些总体目的中的哪一个着手，都会涉及知识与理解这两个方面。那些满足人们健康方面的基本需求的工作，有赖于我们的生物学构造方面的知识，人际关系方面的教育则涉及深入了解人们的所思所感。作为一系列广泛的有价值的活动可能的组成部分，学生也需要对就业情况有所了解，这其中包括职业选择。

这里有一两个例子。后一个例子提醒我们要注意的一件事情是：年轻人需要对他们所身处的社会有一定的了解。这不仅包括工作和经济领域，还包括社会福利、政治安排，以及那些基于阶级、地区、宗教和种族背景所形成的不同的生活样态与机会。对这类知识的要求带领学生进入那些熟悉的学科，比如历史、地理，同时像数学和科学等必修课程也让学生深入了解社会统计和经济的技术基础。但是，这也存在如下问题。

（a）因为学科内容是由总体目的决定的，所以现在的学科内容很可能与传统有所不同。对于一个学习历史的12岁孩子来说，“英国1066—1500年”这类课程内容不太适用于当前幸福这一教育目的，而像这样的教学项目，比如“20世纪交通设施的变迁”“移民社会”“妇女在社会中处于何种地位”等，则更加适合新的教育目的。

（b）学生需要掌握的知识更多地是源于生活，而不是源于学校通常设置的那些学科。学生需要了解媒体、理财、政治体系、自己和他人的天性、日益减少的资源、就业结构、社会阶层和种族隔离、与幸福有关的道德观念和审美观念等方面的知识。

我们必须谨慎些。不论是那些有益于学生的知识，还是那些需要学生在学校掌握的知识，它们都是永远学不完的。我不否认，有那么一段时间，学生确实是致力于知识的掌握。但是，这应该更多地服从于上面一章所提到的目的，特别是全心全意地投入各种有价值的活动之中。

对课程的反思

所有这些都说明了在课程规划方面所发生的根本性变化。如同其他国家一样，英国也在很大程度上围绕着传统学科建立了国家课程体系。想一想更宽泛的目的被挤到边缘或是被笨拙地接到现有的结构之上的状况。

如果是这样的话，结果只会适得其反。学校的学科本身并不是目的，其只是实现更大的目的的手段（当然，其并不是唯一的手段）。与此同时，
136 国家的作用并不是要指定手段，而是要提供“教育应该与什么有关”的蓝图。至于如何才能更好地实现总体目的，则要留给相关专业人士了。比如教师就是这样的专业人士，他们可以明智地提出什么样的学习结构对于新的教育形态中的学生来说是最好的，如何在这种新型的共同体中生活，如

何面对新型教育中的困境和机会。尽管政治家们喜欢干涉学校具体的学科教学内容，但他们毕竟还是缺乏做出此种判断的知识基础。

政治真正对教育发挥其影响力的地方只在“教育应该以何为目的”这一点上。这是一个政治问题，因为它与我们渴望去实现或维护的社会类型密切相关。在一个人人平等的民主社会中，教师对此没有任何特殊的、优先的发言权，邮递员、家庭主妇、商店老板和养老金领取者与教师是平等的。

国家应该确定更大的目的，学校是实现这些目的的手段。但是，这里有个问题，“国家”是什么？是掌权的政府吗？如果是这样的话，如何阻止部长们滥用自己的权力将他们怪异的偏好强加于人？应该成立某类定期召开会议的国家委员会，其能抵抗政治家施加的压力，从容不迫地研究学校教育应当具有的目的；其指导原则也应该适用于民主社会，在这样的社会中，每个公民的幸福是其核心价值。

这个委员会将不会贸然得出结论，它的主要职责是提供更加广泛的咨询，促进公开的辩论；它有义务让教育为民主社会服务，而不是单单给一个目的列表；它支持任何有充分根据且经过深思熟虑的建议。随着时间的推移，新的目的将取代旧的目的，因为旧的目的的理论根据不断受到公众的质疑和批判。

137 第 17 章　以幸福为主旨的教育：学会统筹安排

现在我将把重心从目的转向手段，从总体目的转向学校借以实现这些目的的具体的手段。

“幸福”作为学校的一门学科

在本书第一部分第 1 章中，我曾提到英国中学已经开始通过开设特别课程和设立专门的项目的方式来增进学生的幸福。一个著名的例子是威灵顿学院（Wellington College）的幸福（或快乐）课程。新的学科法定名称是“个人幸福”，它被与“经济福祉和理财能力”相提并论。

我避免对细节进行批判性评估。之所以要这样，部分是因为有人早已这样做了（Suissa，2008），此外，我对我看过的大多数项目也没有什么反对意见。例如“个人幸福”这门学科的内容包括自信地开展工作、健康的生活方式、人际关系、冒险精神和社会多样性等，这些内容都和本书的主题不谋而合。

我主要担心另一个层面的问题。问题并不是说存在一个与个人充实的生活有关的领域，而这个新领域尚未被传统的学科领域覆盖，以至于现在必须为此设置一个专门的学科。这种思维方式体现的还是旧的思维方式，它假定我们必须从学科入手。如果我们从根本的目的入手——也就是说，如果课程是基于“目的”而不是基于“学科”的话，我们很快就会看到学校所做的每件事情或几乎一切事情都有助于让孩子去过充实的生活。使“个人幸福”成为一个分离的学科不太可能有用。它可能使那些教授其他学科的思想更加传统的教师确信他们的首要职责就是教好自己那个学科。此外，不但没有一门（综合性的）学科能对本书所揭示的多种多样的幸福生活样态予以全覆盖，而且据说那些与幸福教育有关的各门（单列的）学科在内容的组织上也有很大的选择余地。新的国家课程专门设置了“个人幸福”这个学科，这是真的。它也尤其重视信心、健康、人际关系、冒险和多样性。这些都是很重要的内容，但将精力集中在这些方面会使很多别的方面无法被触及。

学科的地位 138

关于这一点，我没有什么要补充的。应该给予学校最大的自由来决定如何最好地实现总体目的，其中包括幸福这个目的。学校应该要么通过每一个学科，要么通过跨学科或其他类型的项目，或者采取其他方式，来自由地开展工作。事实上，自从英国在 1988 年推出国家课程，英国的学校在这方面就已经拥有了相当大的自由选择权。学校必须按法定要求开设一门又一门学科，但如何达到这些要求则取决于学校自身，学校的教学也许并非严格地限于学科范围之内。尽管有这样的自由度，但与小学相比，中学通常是在学科框架内运作。考虑到中学教师所接受的职业培训就是让他们去教授特定的学科，而且他们也是被学校聘为不同学科的教师，这一点也就不足为奇了。我们现在应该想办法鼓励学校突破学科的藩篱。

强制和选择

目前，学生通常必须参加学校所规定的课程活动，而那些活动有些并不是学生自己选择的，有时他们发现这些活动很有吸引力，但更多时候他们认为这些活动枯燥乏味。虽然他们有可能在其他环境中很享受法语学习，但是他们有时可能对学校安排他们去学的法语课程并不感兴趣。当然也有另一种可能，就是他们发现自己无论在什么情况下都很难与法语“相处”，即使他们愿意沉浸于法语的戏剧或音乐中。

学生在学校里在他们不喜欢的事情上花的时间越多，负面影响就越大，与幸福这个视角就越是背道而驰。使事情好转的一种方法是提高教学和教师培训的质量，只有这样，教师才能更好地激励学生热爱自己所学习的学科。另一种方法是教师用更吸引人的方式来教必修课程，例如通过主题活动和特别项目及学科任务的方式。三分之一的教师仍将坚持让学生学习那些具有强制性的内容，但可以让学生更自由地选择自己所做的事情。四分之一的教师将不再过于强调“全面性”，他们将更注重让学生全心全意地参与其中（见“对幸福这一目的的最初一瞥”部分的内容），这部分教师赞成要从小就给学生更多的机会去选择自己想进一步探索的事物。

将所有这些组合起来可能就是我们要走的路。给学生更多的自由来组织自己的工作尤为重要。互联网在这里是一种可供利用的资源。纽卡斯尔大学（Newcastle University）的苏伽特·米特拉（Sugata Mitra）教授与小学生一起合作，让学生们自己组成四到五个小组，使用电脑来回答教师设计的问题，并且他们可以自愿且自由决定是回答这些问题还是不予理会。米特拉询问了来自都灵（Turin）的 10 岁的孩子们这样几个问题，例如：“谁是毕达哥拉斯？他做了什么？”过了 20 分钟后他告诉孩子们：“每组
139 的电脑屏幕上都有若干直角三角形，你们其中的一组开始检查等式方程。”在盖茨海德（Gateshead）的另一所学校里，10 岁的孩子们自己分组，做普通中等教育证书考试中的题目，而这些题目涉及的内容通常是 15 岁的

孩子才会去学的内容，但是 10 岁的孩子通常也能给出正确答案。

虽然目前现实中还没有像自由主义者的规划方案里那样允许孩子们拥有最大限度的选择余地的案例，但是我们有充足的理由赞同孩子们有更多的自由时间去做自己的事情。如果他们愿意的话，这些事情甚至可以包括闲逛和做白日梦。

做功课和学习

学校是做功课的地方，还是学习的地方呢？（见第 9 章）这个问题经常是与这些观念联系在一起的：孩子们是在解决问题、写文章和画画的过程中获取知识、掌握技能、养成习惯的。但是，有时他们在一些活动中却什么也没有学到，比如：接待处的学生坐在桌子旁剪出一大堆形状相同的纸娃娃；高年级的学生即使已经非常熟悉相关材料，也还是要填写工作表。并不是所有的学习都是通过做功课的形式完成的。想想我们可以从日常经验、非常愉快地读书、看电影及谈话中获得的东西。如果学校是全心全意地从事某些活动的地方，那么这些活动有时涉及做功课，有时不涉及。

需要转变把学校看作做功课的场所的传统观点：在学校里，孩子们必须参加那些得到精心安排的结构化活动，例如，做总结、听教师讲课、死记硬背、写作，并在头脑中形成最终的产品。学校作业、家庭作业和准备考试加在一起，使孩子们习惯于服从以他律的工作为主的体制。虽然年幼的孩子在刚开始上学时会花大量的时间玩耍，但在随后的几年里，其将看到学校是一个严肃得多的场所。

这种传统的学校教育观的源头可以追溯到 17 世纪夸美纽斯和其他人所持有的新教徒的教育理念和教育实践。这类教育理念和教育实践赋予义务性的工作很高的价值并以此作为人们配得到上帝的救赎的标志。今天，“学校应该使年轻人为成人生活的严酷现实做好准备”这个观念就是这种理念的回音。

一些学生之所以要忍受严格的学校生活，并不是因为他们喜欢那种他律的工作主导下的生活理念，而是因为他们将今天艰苦的、他律的工作视为明天能够从事自主的工作——去当一名医生、一名学者、一名建筑师、一名作家——的通行证。对他们来说，学校作业以一种工具化的方式使他们为未来自主的幸福生活做好准备。

其他一些学生则缺乏家庭支持以帮助他们跨过障碍。他们感到气馁，认为自己是失败者。从为充实的生活做准备的角度看，他们所接受的学校教育是适得其反的。

140 有一个强有力的理由使学校更适合教育的目的而不是让其背道而驰。“全心全意地沉浸其中”就是这样的口号。有时“全心全意地沉浸其中”体现在与学校的功课无关的活动中；有时体现在以最终产品为导向的活动中。要将那些违背人们意愿的工作和不是人们真正想要做的工作压缩到最低限度。学校的活动应当尽可能是自主的——要让学生可以自由地选择自己想做的事情。

合作学习与单独学习

传统上，学校是孩子们作为个体单独学习的地方，因此学校习惯在教室里安排固定的桌椅，孩子们在教师的眼皮底下排排坐或者每人一张桌子。今天，更灵活的座位安排成为司空见惯的事情，可移动的桌子既适合个人开展活动，也适合小组开展活动。这符合我在第 10 章中所描述的关于“个人幸福”的非原子化的特质。如果一个人生活的繁荣兴旺与其他人紧密相关，那么这就给了学校一个很好的内在理由来鼓励孩子们为了共同的目标而合作学习。前面提到的米特拉教授的工作就是一个例子。

这并不是要贬低单独学习。这类学习有很多形式。一般来说，教室会坐满了学生。一个学生不太可能孤身一人坐在教室里，也不太可能只按照自己的想法和感受做事。他是由很多个体所组成的集体中的一分子，所有人都必须遵守教师为自己安排的学习计划。他始终意识到自己的同学存在，他们有时以背景的方式存在，有时又作为他的朋友、对手、闹笑话的丑角而存在。

学生的经历不应该在以幸福为目的的学校中缺席。某种学习对学生是有帮助的，但是也应该给学生留更多的空间来让他们进行不同类型的单独学习。想想我们成人是怎样学习的。在学生时代，其他男生在课堂上朗读莎士比亚的作品的声音包围了我。那些日子留给我两份“遗产”：一是我只记得其中几行残缺不全的诗句，像“老约翰·冈特，德高望重的兰开斯特”之类；二是我几乎没有再进一步学习莎士比亚的作品的欲望。最近我正好有时间，我决定按时间顺序阅读莎士比亚的所有作品，现在在读《恺撒大帝》(*Julius Caesar*)。我发现这个阅读经历非常吸引人：我自己制订计划，按照自己的意愿决定什么时候读、什么时候停下来，我让我的思想飞翔，把我的阅读与亲自到剧院看戏剧交织在一起，享受更充分的精神自由。我确信我们可以通过创建这种单独的自由空间来做更多的工作，以防止学生在学校时不得不经常按固定的程序去做学校规定他们必须完成的功课。

单独学习与我所说的合作学习并不矛盾。单独学习的方式有时会像我读《理查德二世》(*Richard Ⅱ*)的方式那样古板。在学校明显的限定范围内，如果学生在决定大家共同参与的就近照顾老年人的课题的运作方式上的自由越多，他们让自己的想象力、感觉和推理能力插上翅膀的空间越大，那么情况就会越好。

讨论 141

这种合作学习的方式值得讨论。在本书的开头部分，我已经表明，作为公民教育的一部分，合作学习能帮助学生在有关“自己和他人的幸福包含哪些内容”方面形成更清晰的观点。由于各种文化中关于幸福的观点如此混乱，因此，除非教育者采取措施区分不同的观点，并关注这些观点的合理性，否则许多年轻人毕业时将带着具有误导性的观点或混乱的想法离开学校。

本书第一个部分的一些话题适合挑出来放到课堂上讨论，主要包括以下话题：“个人幸福”在何处？是在这个世界上还是在另一个世界上？这又有赖于更多基础性的思考，比如：来生的可能性；上帝存在（见第 2 章）；将满足基本需求作为个人生活繁荣兴旺的前提；广而言之，在全国和全球层面满足人们的基本需求（见第 3 章）。名声和财富在个人繁荣兴旺的生活中处于什么位置？什么样的人生才算是成功的人生？（见第 5 章）“幸福的生活”等同于“快乐的生活”吗？“体验机器”的故事给我们什么样的启示呢？（见第 6 章）作为个体，对于幸福生活由什么构成，我们是权威吗？（见第 7 章）全心全意地投入活动和关系之中有多重要？学校必须做出何种改变以适应这种观念？（见第 8 章）在充实的生活中工作处于何种地位？（见第 9 章）如果我想过上繁荣兴旺的生活，我必须总是追求成为第一名吗？我追求自己的个人幸福与社会加之于我的道德要求一定是互相冲突的吗？（见第 10 章）幸福有客观的基础吗？有没有人可以充当可信赖的权威，让我们可以依靠、并且能够告诉我们应该如何生活？关于这一点我们的学校正在向我们传递怎样的信息？（见第 11 章）一些有价值的活动比其他活动更有深度吗？怎样才称得上有深度？艺术和人文学科拥有特殊的地位吗？（见第 12 章）生命有意义吗？进化论又给我们怎样的启示？如果没有外在的目的，生命仍然可以有意义吗？（见第 13 章）

这其中的某些话题可能只适合年龄稍大的学生，但即使在非常年幼的学生们中间，我们也可以开始组织他们讨论这些话题。儿童哲学领域中以价值为导向的工作通常围绕名声、财富、友谊、快乐等主题组织儿童进行讨论。在菲尔·比德尔（Phil Beadle）最近所写的一本关于中学教育的书《如何教》（*How to Teach*）中（2010，pp.103–144），他以有趣的文字描述了有效地组织课堂讨论的方式和避免在讨论中落入陷阱的方法。

评估

如何评估以幸福为主旨的教育呢？正如我们所知道的那样，学校评估是和以知识为中心的传统配合着的，它要求学校拿出证据说明学生学到了多少和学得如何，主要证据是学生的书面作业，比如学生的家庭作业或者学生在校内考试和公开考试中的表现。它直接源于宗教——把个人在消除无知之罪方面取得的精神进步作为代表自己的努力程度的证据，并把它交 142
给上帝。今天，评估有好几种目的：第一种目的是对教学进行诊断，看教学如何才能最好地帮助学生克服障碍和继续前进；第二种目的是问责，评判学校在公开的经费支出和影响学生的父母的选择方面是如何做的；第三种目的与学生中学毕业后的目标有关，即帮助学生在求职或大学入学考试等竞争中获胜。

我们目前的这套系统怎样有助于增进学生的幸福？无论诊断性评估是否立足于前面所提到的那些问题，特别是其在教育中给予知识多大空间，诊断性评估显然是一个好东西（我们假定所评估的对象从幸福的角度来看是有价值的）。但是，总结性评估，比如美国高中毕业生参加的学术能力评估测试（SAT）、普通中等教育证书考试或 A 级水平考试就有问题。众所周知，它们会让学生付出心理方面的代价，比如考前的焦虑情绪和考后的低落情绪（如果一个学生考得不好的话）。准备公开考试会占用大量的时间，而这些时间本可以用于更有价值的活动。这种考前准备通常意味着学生要去做那些艰苦的、他律的功课，它强化了那种工作伦理的文化，并且对我所论述的幸福构成了威胁。从社会学视角看，公开考试系统往往有利于更富裕的家庭和教育程度更高的家庭的子女。因此，这就更强化了前面所提到的在幸福维度上的社会两极分化。

如果我们从为所有人而不只是为一小部分人创造繁荣兴旺的生活这个目的入手，那么就必须有更好的评估学习的方式与方法。我们怎样才能发现学生在全心全意地投入和成功地参与有价值的活动的过程中取得了进步呢？标准化考试能告诉我们的，只是学生在考试条件下所展示的学校要求他们掌握的知识，比如数学知识。但是，标准化考试中的好成绩或许不能告诉我们学生对于数学的态度——是热爱它还是讨厌它。标准化考试不擅长测试学生对非标准化的事物的理解，比如人的自我意识或人们对人类幸福生活的洞察。标准化考试也不擅长测试学生在审美或人际关系方面的敏感性，或者测试我在“主要的个人品质”部分中讨论的任何一种品质。

那么我们如何评估幸福领域内的进展呢？那些处在最好的位置的人，不是把学生当作一个个数字符号的考官，而是非常了解学生的人，比如学生的父母。父母不用采取什么措施来发现自己年幼的孩子在说话、善待朋友、沉浸于自己喜欢的事情等方面的表现到底有多好。他们只是根据自己在与孩子的日常互动中看到的和听到的东西来做出判断。证据就在他们面前，他们无须费劲就能把它们找出来。而当孩子长大后，父母如何发现和评估孩子基于自身对自然界和人类社会的理解所建立的日益复杂的联系，也是同样的道理。

在一个构思严密的教育系统中，教师的工作是父母的工作的延续。小学阶段更是如此。在小学阶段，孩子们通常一整天只和一位教师（再加上助教）打交道。从某种程度上说，小学教师不必采取什么措施来评估孩子学到了什么东西。像父母一样，他们可以从自己对于孩子的感知中获得有
143 关信息。他们看到孩子们一起合作完成共同的任务，他们从孩子们的口头

回答和书面作业中获取信息，以便更好地了解孩子们关于世界的认知地图是如何建构起来的。这种非正式的监测显然是不够的。教师要与 30 个孩子打交道，不像父母只应对一两个孩子就够了。他们需要并且也确实需要使用某种记录每一个孩子的成长与进步的系统，这既是因为现代教师有进行教学诊断的需要，也是因为很快又会有新的教师来接手教学。

从我们当前的学校系统来看，中学教师更加远离孩子的父母。即便如此，他们还是可以经过一段长期的努力并通过日常监测和更加系统的记录来了解孩子取得的进步和存在的问题。学校越是以幸福为导向，越是可以在更大的范围内评估学生。

成绩记录可以代替高中阶段的公开考试吗？我找不出不这样做的理由。成绩记录更符合全心全意地沉浸于活动中的情境，此外，成绩记录不仅可以表扬孩子在学术领域取得的成绩，而且可以赞赏其在其他方面做出的努力。以幸福为导向的学生成绩评估方式不会让教师陷入那种全国范围内的竞争性排名的焦虑之中，也不会让其因为苦苦追求某种工具性的好处且获得成功而产生优越感，或者因为失败而感到自己没有价值等不良的心态。这就需要教师花更多精力去完善成绩记录，以提高自己作为记录者的能力和记录的可靠性。

检验一个人是否对自己致力于从事某项活动做出内在承诺，就要看在没有外力强迫他去做该活动时，他是否还依然坚持做下去。公开考试不能测试上述情况。对一些中学生来说，为西班牙语考试或化学考试做功课是他们在这个领域所参加的最后的活动。即使他们考得好，这就能说明他们有多热爱某个学科了吗？想象现在有这么一个人，他在学校已经学完了初级西班牙语，毕业一两年后，他越来越深入地学习西班牙文学和文化。单单只是基于这个事实，我们就有很好的理由认为他在学校学习西班牙语时所花的时间是值得的。

本节中的论点与我在第 15 章结尾处所写的一个人 18 岁以后在学院或

大学学习的内容相关。大学和学院这些机构对中学的影响是巨大的。正是这些机构为学校绝大多数以考试为导向的工作提供了合法性，经由考试部门所提出的权威性要求，学校完全被分门别类的学科文化紧紧束缚。我们越是挑战和质疑理想的教育形式就是学生在 18 岁或 19 岁时继续接受全日制高等教育这个观点，那么学校就越有可能摆脱目前的课程和评估制度的束缚。

结　　语 144

现在越来越多的人在问学校教育的目的应该是什么。英国和其他一些国家都背负着很多人都不想要的教育制度，但是，出于惯性，又很难摆脱这个制度。这一制度受学校之外的那些要求驱使，这些要求很少是来自工作领域，譬如雇主们经常大声呼吁学校要更多地面向实践和更多地关注良好的个人品质，而更多地是来自大学招生所设置的条件和父母对孩子达到大学招生要求的期望。

在英国，大学对其他学段的学校的控制始于 19 世纪 30 年代。当时伦敦大学引入了伦敦地区的大学入学考试，将学生的考试成绩作为录取依据。当时，大学开设了通识课程，这些通识课程又是基于学术性学科的百科知识。这就解释了为什么后来新的大学入学考试涵盖了数学、自然哲学(如物理)、化学、希腊语和拉丁语、英语、历史和地理概要及自然历史等。

现在情况则有所不同，大学开设了专业学位课程。但是，大家仍然坚持要求学生所学的学科必须与学校的考试内容高度匹配。此外，近两个世纪以来的大学入学考试和学校证书考试强化了学校的主要工作是教授综合性的学术性学科知识的观念。

也许在 21 世纪的某个时间段，我们可以打破这种范式。我们可能会同意，过去为“马车时代”（a horse-drawn age）设计的课程不再适合当前的目的。如果本书的绪论部分提到的凯恩斯对于人类社会的发展状况所做的预测是正确的，我们在这个崭新的世纪就有可能看到“个人生活的充实”胜过“经济增长”并成为一种政治目标。其结果就是，标准化的工作时间将会减少，而学校及其他许多社会机构都将发生转变。给每一个想过繁荣兴旺的个人生活和公共生活的人提供必要的资源，将成为学校和其他社会机构清晰的、毫不含糊的目的。

我写这本书是为实现这一转变做准备。一些人可能认为我所设想的社会简直是乌托邦。他们可能会说，期望学校里的教师（其中大多数教师都
145 是某个学术性学科的专家）走向我提出的那个未知的更宏大的目标是完全不现实的；期望大学教师放弃他们现在所拥有的影响中学课程的权力，也同样是不现实的；指望政客冒着得罪学生父母以及那些在中小学和大学工作的人的风险去更改现在这套给很多人提供优厚的报酬的工作和舒适的生活的制度，更不现实。我也知道，尽可能地做出明智的、小规模的改变，这种务实的选择会好于心怀乌托邦式的梦想。

“是的，但是……”，我的小外孙就习惯这么说话。如果这些小规模的变化是为了更好的变化，我们必须知道这种“更好”包括什么。如果不知道我们的目的地，我们如何前进？知道目的地，也并非与承认在前进的道路上存在障碍以及进展可能极其缓慢和无规律等不兼容。

但是，谁知道呢？仅仅在三四十年前，谁能想到为了争取妇女的权利而进行的斗争会取得今天这样的进展？谁又能想到苏联已经解体，而南非的种族隔离政权已经土崩瓦解了呢？

“以幸福为主旨”的学校存在的那一天，有可能比我们想象的要早。

拓展阅读

146

本书有关幸福的论述和拉兹的思想对我的启发有很大关系，拉兹在《自由的道德》（*The Morality of Freedom*，1986）一书的第 12 章谈到了幸福这个概念，并在第 14 章探讨了幸福与个人自主之间的联系。在《公共领域中的伦理学》（*Ethics in the Public Domain*，1994）一书的第 1 章，他进一步分析了幸福这个概念，而在《迷人的理性：价值与行为理论》（*Engaging Reason: On the Theory of Value and Action*，1999）的第 6、8、9 章，他讨论了价值的社会依赖性，而在该书第 13 章他探讨了道德规范与个人利益之间的关系。最后，在《价值的实践》（*The Practice of Value*，2003）中，他进一步讨论了社会依赖性，并加入了克里斯汀·科尔斯戈德（Christine Korsgaard）、罗伯特·皮平（Robert Pippin）、威廉姆斯等人的评论以及他本人的回应。

詹姆斯·格里芬（James Griffin）在《幸福》（*Well-being*）一书的第一部分对"欲望–满足论"的幸福观与客观主义的幸福观进行了比较，并考察了道德规范与审慎之间有何关联。另外，他在《价值判断》（*Value Judgement*，1996）一书中对这两个主题进行了探讨。罗杰·克里斯普（Roger Crisp）和 布拉德·胡克（Brad Hooker）是《幸福与道德规范：纪念詹姆斯·格里芬文集》（*Well-being and Morality: Essays in Honour of James Griffin*，2000）一书的主编，该书力图澄清格里芬面对欲望理论与客观主义时所持的立场，并对格里芬所给的那份与审慎有关的简短的价值清单进行了批判性分析。此外，这本书还呈现了格里芬本人的回应。韦恩·萨姆纳（Wayne Sumner）在《福利、快乐与伦理》（*Welfare, Happiness and Ethics*，1996）一书中，分别列出了那些支持和反对"快乐主义”“客观主义理论”和“欲望－满足论”等理论的人的主要论点，而他本人则倾向于将一种“本真的快乐”（authentic happiness）作为选项，把“幸福”视为自主的个体对自身生活满意度的一种体认。

《人类的繁荣兴旺》（*Human Flourishing*，1999）一书是由保罗（E. F. Paul）、米勒（F. D. Miller）等人联合主编的文集。该文集收录了查尔斯·拉莫尔（Charles Larmore）和理查德·阿尼森（Richard Arneson）的文章，前者在文章中反对将进行人生规划视作过上繁荣兴旺的生活的必要特征，后者在文章中对“欲望－满足论”进行了批判。约翰·奥尼尔（John O’Neill）在《市场：伦理、知识与政治》（*The Market: Ethics, Knowledge and Politics*，1998）中，将“市场理论”与“欲望－满足论”联系起来，他质疑和反对那些基于亚里士多德的人性论而去拥抱客观主义的做法。

最近有两位学者对“快乐主义的幸福论”进行了辩护，一位是弗雷德·费尔德曼（Fred Feldman），其相关著作是《愉快与美好生活》（*Pleasure and the Good Life*，2004）；另一位是克里斯普，其相关著作
147 是《理性与利益》（*Reasons and the Good*，2006）。有关“生命的意义”与“道德价值观”的世俗观点，参见理查德·诺曼（Richard Norman）的《论人文主义》（*On Humanism*，2004）。

泰比里厄斯（Tiberius）在其2008年出版的一本著作的第16章中对人所具有的反思能力、判断能力和人的自知之明等做了很好的阐述。

哈里·布里格豪斯（Harry Brighouse）在其《论教育》（*On Education*，2006）一书中，对如何实现过上繁荣兴旺的生活这个教育目的做了比较全面的论述。罗宾·巴罗（Robin Barrow）在《快乐》（*Happiness*，1980）一书的第8章中也对教育问题进行了论述。本书第12章中关于教育目的的论述，与我在2007年撰写的一篇关于学校教育目的的文章有所不同。我在1990年出版的一本著作的第85—89页对人生规划进行了讨论；我在2005年出版的一本著作的第三部分就学校教育在幸福层面的目的与工作、道德规范、市场等之间的关系进行了更加深入的探讨。

参考文献

148

Barrow, R. (1980) *Happiness.* Oxford: Martin Robertson.

Beadle, P. (2010) *How to Teach.* Carmarthen: Crown House.

Bennett, J. (1830) *History of Tewkesbury.* London: Longman.

Brighouse, H. (2006) *On Education.* London: Routledge.

Burleigh, M. (2000) *The Third Reich.* London: Macmillan.

Chitty, C. (2007) *Eugenics, Race and Intelligence in Education.* London: Continuum.

Clarke, F. (1923) *Essays in the Politics of Education.* Oxford: Oxford University.

Comenius, J. A. (1638/1907) *The Great Didactic* (trans. Keatinge, M. W.). London: Adam and Charles Black.

Conway, D. (2010) *Liberal Education and the National Curriculum.* London: Civitas.

Crisp, R. (2006) *Reasons and the Good.* Oxford: Oxford University Press.

Crisp, R. and Hooker, B. (eds) (2000) *Well-being and Morality: Essays in Honour of James Griffin.* Oxford: Oxford University Press.

DCSF (2008) *The Role of the School in Promoting Pupil Well-being.* London: HMSO.

DfEE/QCA (1999) *The National Curriculum Handbook for Teachers in England.* London: HMSO.

Feldman, F. (2004) *Pleasure and the Good Life.* Oxford: Oxford University Press.

Galton, F. (1978) *Hereditary Genius* (reprint of 1892 edition, first published 1869). London: Friedmann.

Griffin, J. (1986) *Well-being*. Oxford: Oxford University Press.

Griffin, J. (1996) *Value Judgement*. Oxford: Oxford University Press.

Hirsch, F. (1977) *Social Limits to Growth*. London: Routledge and Kegan Paul.

Husbands, C., Kitson, A. and Pendry, A. (2003) *Understanding History Teaching*. Maidenhead: Open University Press.

Layard, R. (2005) *Happiness: Lessons from a New Science*. London: Penguin.

MacIntyre, A. (1981) *After Virtue*. London: Duckworth.

Mill, J. S. (1861) *Utilitarianism* (1993 edition). London: Everyman.

Moore, G. E. (1903) *Principia Ethica*. Cambridge: Cambridge University Press.

Morgan, E. S. (1944) *The Puritan Family*. Boston, MA: Trustees of the Public Library.

Mosley, C. (ed.) (2007) *The Mitfords: Letters Between Six Sisters*.London: Fourth Estate.

Norman, R. (2004) *On Humanism*. London: Routledge.

O'Neill, J. (1998) *The Market: Ethics, Knowledge and Politics*. London: Routledge.

149 Paul, E. F., Miller F. D. and Paul, J. (eds) (1999) *Human Flourishing*. Cambridge: Cambridge University Press.

Peters, R. S. (1966) *Ethics and Education*. London: Allen and Unwin.

Rawls, J. (1971) *A Theory of Justice*. Oxford: Oxford University Press.

Raz, J. (1986) *The Morality of Freedom*. Oxford: Oxford University Press.

Raz, J. (1994) *Ethics in the Public Domain*. Oxford: Oxford University Press.

Raz, J. (1999) *Engaging Reason: On the Theory of Value and Action*. Oxford: Oxford University Press.

Raz, J. (2003) *The Practice of Value*. Oxford: Oxford University Press.

Seligman *et al*. (2009) "Positive Education". *Oxford Review of Education*.

Skidelsky，R. (2009) "How Much Money is Enough?" *The Guardian*，23 November.

Suissa，J. (2008) "Lessons from a New Science? On Teaching Happiness in Schools". *Journal of Philosophy of Education*, 42, 3/4.

Sumner，W. (1996) *Welfare*，*Happiness and Ethics.* Oxford: Oxford University Press.

Tawney，R. H. (1926) *Religion and the Rise of Capitalism.* West Drayton: Penguin.

Tiberius，V. (2008) *The Reflective Life: Living Wisely with Our Limits.* Oxford: Oxford University Press.

Weber，M. (1930) *The Protestant Ethic and the Spirit of Capitalism.* London: Allen and Unwin.

Wesley，J. (1749) "A Short Account of the School in Kingswood"，in Ives，A. G. (1970) *Kingswood School in Wesley's Day and Since.* London: Epworth，pp.11–18.

White，J. (1990) *Education and the Good Life.* London: Kogan Page.

White，J. (2005) *The Curriculum and the Child: The Selected Works of John White.* London: Routledge.

White，J. (2009) "Further and Higher: A Philosophical Divide?"，in Garrod，N. and Macfarlane，B. (eds) *Challenging Boundaries: Managing the Integration of Post-secondary Education.* London: Routledge.

White, J. (forthcoming) *The Invention of the Secondary Curriculum.* London: Palgrave Macmillan.

Wilkinson，R. and Pickett，K. (2010) *The Spirit Level: Why Equality is Better for Everyone.* London: Penguin.

Williams，B. (1976) "Persons，Character and Morality"，in Rorty A. (ed.) *The Identity of Persons.* Berkeley, CA: University of California Press.

Williams，B. (1985) *Ethics and the Limits of Philosophy*. London: Fontana.

索　引

150

（本索引每个条目后所附页码为原书页码，即中文版边码）

译后记

2013年夏季的伦敦，风光旖旎。怀着提升自己的学术水平和形成国际视野的初衷，我们来到了伦敦大学学院教育学院。在这个卧虎藏龙之地，有一位德高望重的学者，他就是英国教育哲学领域的知名学者约翰·怀特教授。我们最早是通过阅读中文版《再论教育目的》而对怀特教授的教育哲学思想有所了解的，而真正见到怀特教授本人则大约是在7年前。当时怀特教授已年近80岁，但他依然保持着多年以来的一个习惯——每周三下午去伦敦大学学院教育学院参加哲学讲座。我们是在听讲座的过程中与他开始互动和交往的。印象中，怀特教授是位典型的英国绅士，彬彬有礼、谦和善良。与他一起讨论学术问题时，空气中仿佛充满了神圣的“学术因子”，因此，我们对他怀有深深的崇拜之情。如今，怀特教授依旧精神矍铄、思维活跃且笔耕不辍。作为一名哲学家，他对社会、教育、人生的思考似乎永远不会停止。

在我们翻译整本书的过程中，怀特教授提供了诸多帮助。每当我们通过邮件向先生请教书中的疑难问题，他都会及时回复、一一解答。先生耐心、详尽的解答令我们受益匪浅，也让我们感受到一位享誉世界的学者对待学术问题时认真严谨、一丝不苟的精神。在和怀特教授交流的过程中，我们不但觉得自己的学问有所精进，而且心情极为愉悦。作为译者，我们真诚地感谢怀特教授在翻译过程中所给予的鼎力支持和耐心帮助，也希望本书的出版能够帮助国内读者更加全面地了解怀特教授近些年的主要思想观点。

应该说，这本书能集中反映怀特教授的教育哲学思想，那么，作为中文读者，如何才能精准地把握他在这本书中所表达的学术思想呢？翻译的过程也是学习和理解作者思想观点的过程，根据我们在翻译过程中的学习体会，特总结如下几个要点供读者参考。

第一，把握这本书中的核心概念之一 well-being（幸福）。把 well-being 理解为 happiness（快乐）或者 pleasure（愉快）都不太妥当，在这本书中，怀特教授将其大致等同于 fulfillment（充实）和 flourishing（繁荣兴旺）。怀特教授认为，幸福是人类生活最基础的价值之一，其能为学校提供一个可能的改革方向——引导学生成长为自由自主的个体，引导其和他人一起过上充实的、繁荣兴旺的生活。

怀特教授认为，在现代社会中，衡量一个人幸福与否的标准有如下几点：个体是否真的拥有自由、自主的选择权，个体所参与的活动是否有价值，个体是否全心全意地投入活动之中以及个体是否在活动中取得了成功。

第二，理解怀特教授对宗教所持的态度与其思想观点之间的关系。在这本书中，怀特教授立足于宗教世界与世俗世界这两个世界的区别，主张人要追求“今生”的幸福，因为我们只能拥有这一生。此外，他还批判性地分析了宗教遗产对当今英国的学校教育的多方面影响，譬如宗教对不朽灵魂的追求和对精神快乐的推崇以及对工作伦理的坚持，是英国的学校教育高度重视纯心智课程和过于推崇心智成就等的深层次原因。

第三，这本书体现了英国分析哲学独特的气质。英国分析哲学不同于欧洲大陆哲学，如果说后者有着玄奥晦涩的思辨气质，那么前者则主张表述的清晰性，其强调哪怕一本书是本哲学著作，其中的论述也不应模棱两可，而是应当尽量缜密、严谨、清晰。这点在怀特教授这本书中体现得非常明显，例如，怀特教授在这本书中用了近十三章的篇幅来详细说明这本书的其中一个核心概念——幸福——不是什么以及可能是什么，这些分析有助于读者清楚明白地理解书中的思想观点。

怀特教授曾通过邮件对这本书的核心思想做了一些补充性的说明，希望能避免一些误解。他说：“第一，我不认为追求个人幸福是唯一一种

‘有意义的生活’样态。第二，‘个人自主’并不是每一类社会中的人们幸福生活的必要特点，它只是在发达的工业社会中的人们幸福生活的必要特点。第三，个人并不是一个孤单的原子，人本质上是社会性动物，每个人的幸福与其他人的幸福在很多方面都是相互关联的。”

行文至此，译者想以学者的身份，就怀特教授这本书中的教育哲学思想未来可能的发展方向谈一些不成熟的观点。我们认为，怀特教授这本书中的思想具有“突破常规小教育”的意蕴，其可以和钱学森先生的系统科学哲学结合在一起，形成一种兼具人文性的价值追求和系统科学方法论的更加完善和高级的理论形态——“动力学的大教育”理论。

就像哲学史上有“新柏拉图主义”“新康德主义”“新黑格尔主义”一样，怀特教授的教育哲学思想也有新的发展空间。怀特教授的“今生幸福论”及其对繁荣兴旺的生活的追求，使得他的思想蕴含着突破目前的学校教育中封闭与简单机械式的思维范式、超越以纯心智课程和课堂教学为主的“静力学与还原论”的“小教育”的局限性，走向一种蕴含着动力学思想与辩证思维、尊重个人自主选择、体现过程哲学和复杂性思维的“大教育”的特点。

作为分析派教育哲学“伦敦学派”的主将，怀特教授在这本书中的教育哲学思想的确有其魅力。然而我们也不必讳言，大师从来不是完人，他的思想也有一些局限性。我们可以试着让钱学森的“大成智慧型”的系统科学思想与怀特教授的人本主义“幸福论”进行对话，在辩证地融合两位先生的思想的基础上，建构一种崭新的“动力学的大教育”理论。

“动力学的大教育”理论不仅必要，而且可行。几年前华中师范大学教育学院邀请了华中师范大学附属小学四年级某个班的教师、学生和家长参加“基础教育实践论坛”活动。活动结束后，搜狐网对这次活动进行了报道，引发了广泛的关注。我们认为这场原本只是在小范围内举行的活动之所以能够引起广泛的关注，很重要的一个原因是活动的组织者在举办活动时自觉地运用了分工协同、综合集成的系统科学方法论。结合这份经历，我们认为，先进的方法论能促进人们更好地实现人文目标。

唯有发展，才是最好的继承。无论多么精妙的理论，从来都不应演变为“教条”，这也是我们不仅在这篇译后记中交代怀特教授在这本书中的主要思想观点，还要提出“动力学的大教育”理论的原因。

接下来，我们要以诚挚的感恩之心说说在本书出版过程中给予我们宝贵的指导和帮助的学者和机构。

如果说能够结识怀特教授，并在他的指导下翻译他的学术著作是一种幸运的话，那么本书在国内的出版也是一路“吉星高照”。我们的翻译和出版工作有幸得到了石中英教授的支持，石教授在看完译稿的初稿后便把它纳入了他主持的“约翰·怀特教育文集”的出版计划之中。最终，在石中英教授的帮助下，这本凝聚着我们心血的翻译作品得到了在教育科学出版社出版的机会，也让我们觉得没有辜负怀特教授的信任与重托。此外，石中英教授还对我们提出了严格的要求，他曾专门抽时间认真审校译稿的初稿，为我们的译稿质量把关。在此，我们向石中英教授的知遇之恩和慷慨帮助表达最诚挚的谢意！

本书的出版还得到了教育科学出版社的倾力支持。在此，我们真诚地向教育科学出版社致以深深的谢意！

最后，作为译者，我们想说，我们在翻译外版书的过程中始终恪守着忠于原文的原则，针对原文中一些比较艰涩的句子，我们甚至通过与作者本人多次沟通才最终确定对应的译文，力求保证译文的准确性。但是，由于东西方在语言、思维方式、表达习惯等诸多方面存在差异，因此本书难免会有一些不妥之处，还请各位读者批评指正。

杨杏芳、赵显通　谨识

2020 年 11 月

出 版 人　李　东
责任编辑　张玉荣
版式设计　郝晓红
责任校对　贾静芳
责任印制　叶小峰

图书在版编目（CIP）数据

儿童幸福与学校教育 /（英）约翰·怀特著；杨杏芳，赵显通译. —北京：教育科学出版社，2021.3（2021.10重印）
（约翰·怀特教育文集）
书名原文：Exploring Well-being in Schools：A Guide to Making Children's Lives More Fulfilling
ISBN 978-7-5191-2523-3

Ⅰ. ①儿…　Ⅱ. ①约…　②杨…　③赵…　Ⅲ. ①儿童教育—文集　Ⅳ. ①G61-53

中国版本图书馆CIP数据核字（2021）第026082号
北京市版权局著作权合同登记　图字：01-2021-0221号

约翰·怀特教育文集
儿童幸福与学校教育
ERTONG XINGFU YU XUEXIAO JIAOYU

出版发行	教育科学出版社		
社　　址	北京·朝阳区安慧北里安园甲9号	邮　　编	100101
总编室电话	010-64981290	编辑部电话	010-64989421
出版部电话	010-64989487	市场部电话	010-64989009
传　　真	010-64891796	网　　址	http://www.esph.com.cn

经　　销	各地新华书店		
制　　作	北京博祥图文设计中心		
印　　刷	三河市兴达印务有限公司		
开　　本	720毫米×1020毫米　1/16	版　　次	2021年3月第1版
印　　张	14.5	印　　次	2021年10月第2次印刷
字　　数	193千	定　　价	49.00元

图书出现印装质量问题，本社负责联系调换。

Exploring Well-being in Schools： A Guide to Making Children’s Lives More Fulfilling, 1st Edition
By John White

Authorized translation from English language edition published by Routledge, an imprint of Taylor & Francis Group.

本书原版由 Taylor & Francis 出版集团旗下 Routledge 出版公司出版。